点亮
亲子教育

培养有国际竞争力的中国孩子

Light it up, Light us up

点亮
亲子教育

培养有国际竞争力的中国孩子

Light is up, light us up

推荐语

父母给孩子提供良好的教育环境,从小培养孩子的创造力以应对未来,显得特别迫切和重要。本书能为想培养孩子创造力的父母提供坚定的信念、扎实的理论和易学可行的方法。

——《非暴力沟通的父母话术》等家教畅销书作家 李少聪

忽视甚至扼杀孩子创造力培养的教育只不过是在铸造一个机器,为孩子提供培养创造力的阳光、疾风、土壤和空间,孩子的生命之光才会闪亮!

——爱奇艺《亲爱的小课桌》教育专家 "乐爸张敏"

比我们先一步经历过"鸡娃"热潮的韩国,如今遇到了儿童的"创意危机"。如何让孩子在保留我们文化认同的同时,打破"传统"对创造力的桎梏,并用它来换取幸福,东亚邻居的思考值得我们借鉴。

——儿童阅读推广人、抖音育儿达人 王子丹

创造力领域的"诺贝尔奖"托兰斯奖获得者
金庆姬教授30年研究的心血之作

儿童创造力培养课

[韩]金庆姬 著 向阳 译

中国经济出版社
CHINA ECONOMIC PUBLISHING HOUSE

图书在版编目（CIP）数据

儿童创造力培养课／（韩）金庆姬著；向阳译．--
北京：中国经济出版社，2023.1
（全球教子智慧书系）
ISBN 978-7-5136-7105-7

Ⅰ.①儿… Ⅱ.①金… ②向… Ⅲ.①儿童教育-家庭教育 Ⅳ.① G781

中国版本图书馆 CIP 数据核字（2022）第 183634 号

틀 밖에서 놀게 하라（Let Children Play Outside the Box）
Copyright ⓒ 2019 by 김경희（KH Kim, 金庆姬）
All rights reserved.
Simplified Chinese translation Copyright ⓒ 2022 by SHANGHAI GAOTAN CULTURE CO.,LTD
Simplified Chinese language edition is arranged with Sam & Parkers Co., Ltd.
through Eric Yang Agency, Inc.
中文简体字版权归上海高谈文化传播有限公司所有

著作权合同登记号 图字：01-2022-5651

策划编辑	崔姜薇
责任编辑	张　博
特约编辑	陈　奇
责任印制	马小宾
封面设计	丁　宁

出版发行	中国经济出版社
印 刷 者	北京富泰印刷有限责任公司
经 销 者	各地新华书店
开　　本	880mm×1230mm　1/32
印　　张	8.375
字　　数	158 千字
版　　次	2023 年 1 月第 1 版
印　　次	2023 年 1 月第 1 次
定　　价	58.00 元

广告经营许可证　京西工商广字第 8179 号

中国经济出版社　网址 www.economyph.com　社址 北京市东城区安定门外大街 58 号　邮编 100011
本版图书如存在印装质量问题，请与本社销售中心联系调换（联系电话：010-57512564）

版权所有　盗版必究（举报电话：010-57512600）
国家版权局反盗版举报中心（举报电话：12390）　服务热线：010-57512564

前　言

"等到孩子步入社会时再开始就晚了。从孩子零岁起，家长必须要在家庭中实施创造力教育，特别是妈妈。"

不仅要"努力"，还要创新

韩国是全世界使用"努力"一词频率最高的国家。根据联合国儿童基金会的调查，韩国儿童的学业压力指数高达50.5%，位居世界榜首，但幸福指数却在OECD[①]国家中排名最低。学业压力第一，而幸福指数却是垫底。为什么会出现如此令人痛心的结果呢？我想，虽然个中原因很复杂，但最大的问题可能是韩国妈妈们的错误思维。韩国妈妈们存在一个相当大的误解，那就是她们认为只要对孩子不断地强调"努力"，就能够使孩子走向成功。正

---

① 经济合作与发展组织（Organisation for Economic Cooperation and Development, OECD），是由全球37个市场经济国家组成的政府间国际组织，总部设在法国巴黎。

是由于这种错误的想法，当其他国家的孩子在自由幸福的玩耍中培养创造力时，韩国的孩子正被折磨得感受不到幸福。所谓创造力，其实并不难理解。以让孩子挖地为例来试想一下吧。韩国的孩子们受到的教育是残酷的，他们非常努力，在惶惶不安中花上365天不断地挖，最终也只能用手中的铁锹挖出一个小洞。而其他国家的孩子们则在挖着玩的过程中产生了和别人"不同"的思维，从而制造出诸如挖掘机之类的新机器。利用新机器，短时间内便可以开垦出整片土地。由此可见，所谓创造力，就是使用创新的方法，创造出有价值的成果。父母必须及早意识到创造力教育的重要性，果敢地打破传统教育的桎梏，让孩子们在玩耍中学到知识，使他们利用无边无际的想象力和满满的幸福感引领自己的未来。

给孩子未来准备的最大礼物就是"创造力"

我们的孩子将在不远的未来步入这个急速变化的世界，对于他们来说，也需要一位和美国"创造力之父"保罗·托兰斯博士一样，能够对自己进行创造力教育，以使自己获得生存能力的妈妈。曾经通过勤勉、诚实和努力获得成功的柯达（Kodak）和诺基亚（Nokia）等大型企业，就是因为没能应对快速发展的时代，最终面临破产危机。这些企业缺乏适应变化的创造力，最终被大批用从前想象不到的方式运营的新企业取而代之。爱彼迎（Airbnb）

旗下没有酒店却从事着住宿行业，优步（Uber）没有出租车却从事着客运行业。比起做出新尝试，在旧框架中沿用一成不变的方法更加危险。

幸运的是，创造力并非与生俱来。创造力与基因、智力等因素关系不大，可以通过后天培养。并且，培养孩子的创造力也不需要庞大的课程体系或昂贵的私人教育来支撑，它取决于父母的态度和家庭环境。在专制的家庭中，按照家长意志长大的孩子会失去创造力。在关系平等的家庭中，父母会想方设法地调动孩子的积极性，当孩子在父母的引导下对各种事物产生想进一步了解的好奇心时，孩子的创造力就得到了开发。

令人遗憾的是，很多韩国妈妈在教育孩子时，还在强制他们照搬过去遗留下来的学习、考学和生存的方法。然而现实是，如果妈妈们用过去的经验来教育现在的孩子，那么10年之后，孩子们便会找不到自己能够从事的职业。单纯靠学习成绩好或者考试分数高是绝对不行的。现在、立刻、马上，让我们的教育从家庭中开始改变。妈妈的"创造力教育"，是为生活在第四次产业革命时代的孩子们做出的第一选择。

培养创造力，为什么要趁现在

2016年的世界经济论坛（WEF）上曾预测：未来几年，全球会有超过710万个工作岗位消失。同时，将会有约200万个此前从来没有过的、全新形态的工作岗位诞生。结论是，届时全球将会产生500多万个工作缺口。此外，这次WEF报告还指出，在2016年全球范围内的小学生中，未来将有65%以上的会从事目前尚未出现过的职业。尤瓦尔·赫拉利[①]（Yuval Noah Harari）说过："目前学校里教授的80%~90%的内容，很有可能会在孩子们40岁之后变得毫无用处。"

我们已知的大部分职业在未来都会逐渐消失。过去，学习好的孩子可以胜任的职业有很多。因此，即使不对其进行创造力教育也不会对生活产生大的影响。但现在，死记硬背的学习方式渐渐被摒弃。如今，只要拿出智能手机简单地搜索一下，就会出现大量的知识和信息，一般性的技术也大多可以被机器取代。

那么，未来什么样的人可以成为玩转世界，甚至改变世界的人才呢？我想，那一定是拥有机器和人工智能（AI）取代不了的能力，即能够在知识上做加法的、拥有"创造力"的人。对于将要迈入未来社会的孩子们来说，创造力是一项不可或缺的生存能力。而培养孩子的创造力，是作为父母的当务之急。

[①]全球瞩目的以色列新锐历史学家，耶路撒冷希伯来大学历史系教授，畅销书作家。代表作是"简史三部曲"：《人类简史》《未来简史》《今日简史》。

让孩子跳出框架去玩耍

从前的孩子们在山野中奔跑跳跃，在黄土飞扬的操场或空地上尽情玩耍。但现在的孩子们大部分时间被关在四面水泥的公寓楼房中，顶多坐着小轿车从一座建筑去到另一座建筑。游乐园里的泥土消失了，沙土上孩子们肆意奔跑的场景也不见了。从前那些横冲直撞、一窝蜂似的玩耍的孩子再也难觅踪影。

这真是件讽刺的事。虽然世界对"创意型人才""复合型人才"和"个性化人才"有着实际的需求，但孩子们从玩耍到学习的空间，甚至是获得人生经验方面，都正在逐渐形成固定的框架。而且，随着时间的推移，这种框架还越发牢固。对于"从未触摸过土地"的孩子们来说，这种框架是凭他们的力量无论如何也无法撼动的铜墙铁壁。

韩国教育制度的"框架"导致学生"填鸭式"地学习，养成非对即错的二分法思维方式。可以说，韩国的教育是向着高考这个最终目标一路狂奔的赛马式教育。这样的教育制度会让孩子们把学习当作任务来完成，困在框架中的孩子最终只能成长为一辈子只会机械地完成"任务"的人。

想要让孩子跳出框架，就要想办法让孩子在玩耍中学习。当孩子想要在自己感兴趣的领域中积累知识时，他会主动增加阅读，寻找这个领域中的专业人士，并进行自我激励。这样的孩子在面对一些"已经解决的问题"和"尚未解决的问题"时，不会局限于非对即错的答案,而会思考一个开放式的解答。他们求学的意愿会更加主动,他们会渐渐走向更加宽广的天地。

孩子的思考和分析能力亦是如此。一些框架导致人们认为多数人的选择或和别人相同的观点才是对的,也导致很多人把失误与失败画上等号。在这种框架中成长的孩子只能做出与框架中的观点相符合的思考。相反,充分发挥想象力,跳出框架来思考的孩子们,则会将各种千奇百怪的想法掺杂、糅合在一起,最后提炼出自己的观点,完成一次融合性的思考。他们能够不受年龄和性别等方面的阻碍,勇敢地提出异议,也欣然将失败当作学习。

孩子们是否能够跳出框架,决定了他们是否能拥有比常人更多的"经验值"。被关在水族馆中的鲨鱼,身体再怎么长也不会超过水族箱的尺寸。孩子也是一样,他们如何成长,将成长为何种模样,是由他们自己眼中世界的大小决定的。框架之外的世界比框架内的更加广阔、多元和有趣。

如何培养创造力

我是培养创意英才领域的世界级专家。我曾荣获美国天才儿童协会颁发的青年学者奖和霍林沃思奖[1],美国心理学会丹尼

---

[1] 以美国著名心理学家、教育家利塔·斯泰特·霍林沃思(Leta Stetter Hollingworth, 1886—1939)的名字命名的奖项。霍林沃思是美国天才教育领域的先驱。

尔·伯莱因奖^①（奖励给对美学、创造力和艺术有杰出贡献的人），美国国际创意协会最佳研究奖。2018年荣获创造力领域的"诺贝尔奖"托兰斯奖^②，同时我也是该奖项的首个外籍获奖者。在过去的30多年里，我一直埋头于创造力教育研究领域。我将把我的研究成果，即在家庭中仅靠父母就可以做到的"培养孩子创造力的方法"通过此书介绍给大家。

诺贝尔奖获得者和其他对世界发展做出过积极贡献的创新者的共同之处并不是所谓的"高智商"，而是他们拥有的"卓越的创造力"。孩子表现出一定程度的散漫，或是经常产生一些不着边际的想法，实际上是好事，而且应当鼓励和引导孩子做出与他人不同的思考。但韩国的父母却认为孩子跳出框架是件坏事，因此会绞尽脑汁地把孩子再抓回框架内。一个乖乖听话、埋头苦读的孩子不太容易培养出创造力。反而是那些有些天马行空，却仍积极乐观、独立干练的孩子更容易获得创造力。不乐观的孩子时常会产生"这能行吗"之类的消极否定的想法，这不利于培养创造力。此外，被动和顺从的孩子会惧怕挑战，不敢面对失败，因此也很

---

① 以英国著名心理学家丹尼尔·埃利斯·伯莱因（Daniel Ellis Berlyne，1924—1976）的名字命名的奖项。伯莱因对心理学的主要贡献体现在动机与唤醒、思维和心理美学，以及视觉艺术等领域。
② 以美国著名心理学家埃利斯·保罗·托兰斯（Ellis Pual Torrance，1915—2003）的名字命名的奖项。托兰斯以研究创造力而闻名，被誉为美国"创造力之父"。

难开发出创造力。

能否培养出孩子的创造力,取决于父母,尤其是母亲的后天教育。懂得规划孩子未来的母亲,一定能够花费巧思去实施本书中提出的4S教育法,为孩子营造4种成长环境,即阳光(Sun)、疾风(Storm)、土壤(Soil)和空间(Space)。

由妈妈打造的创意英才

犹太人荣获诺贝尔奖的概率远高于其他各个民族,概率是全球平均水平的108倍,他们的教育方法闻名遐迩。其实,犹太人和我们在教育问题上有很多相似之处。比如,犹太人和我们都会把学习的重要性早早地灌输给孩子。此外,还会传授给孩子诸如节俭之类的生活智慧,教育他们尊敬长辈等。但是,犹太人会尽可能地启发孩子的创造性思维,而我们却不会这么做。犹太父母和我们之间到底存在哪些差异呢?

我们的家庭环境往往会抑制孩子的好奇心,限制孩子的幽默感,否定他们那些天马行空的想法,阻挡他们向远方眺望的视线。犹太人则十分注重鼓励孩子追逐自己的好奇心,并不断在自己感兴趣的领域深入挖掘。比起与他人比较,他们更关注与昨天的"自己"相比,今天的"我"是否更进了一步。相反,我们则不停地强调让孩子取得好成绩,通过各项考试。犹太人教育孩子拒绝权威和等级,吸收其他文化中的精华,改善和补充自己的文化。然而，我们的家长不会反思固有观念，并把这些原封不动地传授给下一代。此外，犹太人能够在平等的关系中与孩子展开讨论，而我们则在等级关系中对孩子实施单方面的训育。

虽然教育制度不是朝夕之间就可以改变的，但父母的态度可以从今天就开始调整。本书系统地介绍了父母在开发孩子创造力方面能够实施的创意教育方法，相信会成为所有父母都能够轻松操作的指南。

能够打开本书的妈妈，本身已经十分优秀了。因为您一定是苦苦思索着怎么做才能使孩子更好地成长，从而找到此书的。创造力教育以此为初心已经足够。

如果你一直对孩子的未来感到焦虑，或者总是担心孩子落后于别人，因而把孩子圈在"填鸭式"教育的旧框架里，那么，我衷心地希望您能够翻看这本《儿童创造力培养课》。希望本书能够帮助到那些迷茫地在"填鸭式"教育、超前学习和英才教育阵营中折腾的父母，指引他们脱离一味地强调"努力"的旧模式，鼓起勇气把孩子培养得"与众不同"，把"创造力"这个强有力的生存武器作为礼物送给我们的孩子。

另外，让孩子独立去完成创造力的开发是十分艰难的。创造力是在频繁的交流中像雪球一样越滚越大的，所以请为孩子营造能够和周围其他孩子多多交流、共同培养创造力的环境。阅读此书的父母，若能将培养创造力的重要性告知给更多父母，就再好不过了。我为所有的父母献上此书，希望我们的孩子都能够自由快乐地翱翔在框架之外。

目录

Part.1 培养创造力的阳光、疾风、土壤与空间

1 阳光

让孩子爱上学习的阳光环境 7

积极的态度 开朗的孩子能够在和自己的较量中获胜 9
给孩子积极、愉快的体验/不与别的孩子比较/学会在细微之处表达感恩/培养孩子对失败的免疫力

大局观意识 胸怀远大梦想的孩子能够成为大人物 16
父母是孩子的第一个榜样/共读名人传记/想象眼睛看不到的东西

即时的行动 无惧他人目光,敢于展现自我的孩子才能打破框架 21
在一成不变的日程中加入变量/让孩子从固定的框架生活中脱离出来

乐观的心态 像玩一样去学习,像学习一样去玩 27
常逗孩子笑,也让孩子逗别人笑/通过练习获得幽默感

热情的态度 热情是孩子的无限动力 32
培养对某个独特领域的热情/去不同的领域探索吧/去寻找隐藏起来的兴趣/找些容易上手的事情/回想一下以前的兴趣吧

1

强烈的好奇心 好奇心强烈的孩子更加好学　　　　　　　　　39

　　　　　用新视角看旧事物/发现一个个未知的乐趣/培养对大自然的好奇心/把学到的知识和实际生活联系起来/练习提问的方法/通过读书进行思考、表达和想象/使用"显微镜"和"望远镜"/从其他人身上获取新奇感/提前认识生活

送给父母的金句　　　　　　　　　　　　　　　　　　55

2 疾风

让孩子变得坚强的疾风环境　　　　　　　　　　　　59

目标意识 目标明确的孩子会越来越具专业性　　　　61

　　　　　尽早将父母的期待告知给孩子/树立个人目标/营造井然有序的环境，不要妨碍孩子

坚持到底的精神 能够坚持到底的孩子会有好运　　68

　　　　　养成做事认真彻底的习惯/教育要持之以恒

自我效能感 培养孩子真正的自信　　　　　　　　73

　　　　　表扬做事过程而不是结果/拒绝没有原因的有害赞扬/专注于积极的行动和情绪

独立意识 培养孩子独立性的方法　　　　　　　　79

　　　　　给孩子发言权，培养孩子的责任感/让孩子独立选择

不屈的意志 使孩子战胜挫折的方法　　　　　　　84

　　　　　提出建设性的意见

目录

风险承受能力 使孩子勇敢承受风险的方法	87
为实现梦想而冒险	
坚韧的意志力 培养孩子不轻言放弃的方法	89
布置任务由易到难/日常生活中提高专注力的方法/	
从整体上把握问题	
拥抱不确定性的能力 培养敢于面对未知情况的创新者	93
解开没有答案的问题/告诉孩子不可预测的情况会一	
直发生/把不确定变为确定	
送给父母的金句	98

3 土壤

使孩子积累丰富体验的土壤环境	103
接纳多元文化的态度 接触多元文化的孩子会建立自我认同感	105
让孩子扎扎实实地生根/学外语不是任务，外语只是	
沟通的工具/接纳、融合多元文化	
战略意识 有目标的孩子懂得制定战略	111
把用来弥补弱势的精力用到发挥优势上来/利用身边的资	
源达成目标/活用身边的资源/创造与他人合作交流的机会	
开放式心态 培养孩子接纳新事物的心态	116
消除对陌生事物的恐惧/偶尔跳出常态的生活	
复合型思维 培养复合型思维有助于形成综合思考能力	119
营造平等而积极的家庭氛围/其他培养复合型思维的方法	
送给父母的金句	123

4 空间

让孩子保有个性的空间环境　　　　　　　　　　　　**127**

感受自我的能力 让孩子找到真正的自我　　　　　　**129**
　　　正确认识自己、了解自己/关注自己的情绪/让孩子学会表达感情的方法/合理利用情绪

共情能力 通过共情培养孩子的关怀之心　　　　　　**134**
　　　让孩子学会关心他人/做一些小小的善举/共情并不是无条件地认同他人

深度思考能力 让孩子学会深度思考的方法　　　　　**138**
　　　让孩子不惧怕独处/养成回顾当天经历的习惯/思考奇特或有趣的事情

自我主导意识 培养孩子自主能力的方法　　　　　　**141**
　　　给孩子提供选择的机会/尊重孩子自身的节奏/培养一个有主见的孩子/找到真正想做的事

幻想思维 培养孩子想象力的方法　　　　　　　　　**145**
　　　通过有趣的提问引导孩子进行幻想/用文字开启想象力的大门/通过玩游戏提升想象力

不盲从的态度 培养孩子成为不盲从的人　　　　　　**150**
　　　告诉孩子尊重自己的选择/鼓励孩子跳出固有模式

消除性别偏见 让孩子跳出"男孩""女孩"的框架　　**153**
　　　摆脱传统性别观念的束缚/把女孩培养成创意英才

质疑的态度 培养敢于质疑的孩子　　　　　　　　　**157**
　　　培养不惧质疑的孩子/让孩子懂得如何打破规则/学习理性地表达自己的意见

送给父母的金句　　　　　　　　　　　　　　　　**161**

Part.2 使孩子看得更远的 ION思考力

5 框架内的专业性

培养创新者的专业性   **171**

    培养记忆力/培养理解能力/培养应用能力

送给父母的金句   **178**

6 框架外的想象力

打造创新者的想象力   **183**

    自由自在地想象，培养灵活的想象力/多角度思考，培养发散的想象力/突发奇想地思考，培养独创性的想象力

想象力能够培养解决问题的能力   **196**

    独自构思和交流构思

啊哈！有了！   **200**

    连接/沉浸/休息/幻想/深度睡眠

送给父母的金句   **204**

7 框架内的批判力

培养均衡思维的批判力　　　　　　　　　　　　　**209**

　　批判力的技术，分析能力和评价能力/用逻辑去战斗/
　　利用"长短机威"法做分析/提出问题

送给父母的金句　　　　　　　　　　　　　　　**218**

8 新框架内的融合力

培养突破框架的融合力　　　　　　　　　　　　　**221**

　　扩大视野/突破框架/寻找模式/连点为线/比喻法/
　　非语言交际法

用融合力打磨作品　　　　　　　　　　　　　　　**233**

　　精细化/简洁化/宣传作品/培养命名能力/
　　提升说服力/锻炼讲故事的能力

送给父母的金句　　　　　　　　　　　　　　　**240**

结语 | 请为孩子提供能够成长为创意英才的肥沃土壤　　**242**

为我们的孩子打造能够成长为创意英才的土壤 | 孩子的成功取决于父母 | 学校也需要改变 | 让创造力成为不断创新的动力

Part

1

培养创造力的阳光、
疾风、土壤与空间

每个孩子都是带着自己独特的天赋来到这个世界上的。天赋是创造力的源泉，但在孩子的成长过程中，受到父母、老师和社会的约束，天赋会逐渐减退甚至消失。创造力的成败就在于此。即能够开发出多少创造力，取决于孩子的天赋能够剩下多少。因此，在我的研究中，如何将孩子的天赋尽量多地保留下来，是和如何培养孩子的创造力同等重要的问题。经过30多年的漫长研究，我终于完成了关于开发创造力的教育法——"创意CAT理论"。

  "创意CAT理论"由营造富有创意的环境（Climate），培养具有创意的态度（Attitude）和运用创造性的思考（Thinking）三个部分构成。其中，第1部分的内容最为重要，主要说明了父母只需要做出什么样的小小努力就可以轻松"营造富有创意的环境"和"培养具有创意的态度"。想要把孩子培养成为创意英才，只需要想想苹果树是如何结出优质果实的就能明白。如果想把一棵苹果树培育好，阳光、疾风、成分丰富的土壤和自由生长的空间缺一不可。养育孩子也是同理，如果给孩子提供使其爱上学习的阳光，使其变得更坚强的疾风，使其积累丰富体验的土壤以及鼓励其用活跃思维创造新事物的空间，那么一个创意英才自然会诞生。所以，我把阳光（Sun）、疾风（Storm）、土壤（Soil）和空间（Space）称为培养创造力的"4S"环境。其中，每一种环境对孩子造成的影响都是不同的。若我们把这4种环境均衡地搭建出来，那么孩子便能在其中培养出26种特质,帮助他成长为创意英才。

　　首先,在第1章介绍的阳光环境中,孩子将学会用他那充满好奇的眼睛观察世界,像享受玩耍一样感受学习的乐趣。阳光环境有利于培养孩子的积极性、大局观、乐观精神和好奇心。第2章介绍的疾风环境则能够使孩子树立清晰的目标,培养其即使遭遇失败也能勇敢站起来的精神,不断前进,积累专业知识。疾风环境使孩子拥有坚韧的意志力,具备能够面对不确定性的能力。第3章主要介绍通过营造土壤环境可以让孩子积累丰富的经验。在土壤环境中,孩子能够习得接纳多元文化的态度,培养开放式心态,打造复合型思维,为自己寻得良师。最后,第4章介绍的是空间环境,可以启发孩子利用与众不同的思维创造新事物。空间环境能够培养出孩子的共情能力和深度思考能力,产生自我主导意识。

1
阳光

美国切罗基人①的一位年迈的族长曾这样对他的孙女讲道：

"我们每个人的心中都住着两匹狼。它们俩总是打架。

一匹是恶狼。

它带着愤怒、嫉妒、悲伤、后悔、欲望、傲慢、自我怜悯、伪装、虚荣和无谓的自尊心。

另一匹则是善良的狼。

它带着喜悦、热爱、希望、关切、谦虚、同情、积极、宽厚和信任。"

孙女听到两匹狼的故事以后，这样问道：

"那么它们俩谁能够打赢对方呢？"

族长这样回答：

"你给谁吃得更多，谁就会赢。"

---

① 属于易洛魁族系的北美印第安民族。

让孩子爱上学习的阳光环境

就像苹果树要吸收太阳的能量才能茁壮生长一样，孩子也需要感受到父母的温情和关注才能健康快乐地成长。孩子们那些天马行空的好奇心应当得到温柔的鼓励，只有尽可能多地让他们去体验这世界上一切新鲜有趣的事物，他们才能真正找到自己的兴趣所在。

本章将介绍如何在家庭中营造阳光环境，培养孩子的创造力。"阳光环境"可以使孩子积极地面对世界，使他们能够主动去探索自己好奇和热衷的事物。同时，阳光环境也能够开启孩子的梦想和存在于他们身上的无限可能，会带给孩子"我想尝试这个"或者"我也想变成那样"的想法。

父母若能给孩子营造出"阳光环境"，孩子便能在其中培养出六大特质：不拘泥于眼前，能够享受过程本身并预期一个好结果的积极态度；跨越现实界限，放眼未来的大局观意识；将新想法、新机会即刻付诸实践的即兴态度；摒弃"要么学要么玩"的两分法，而是像玩一样去学习，即使遇到困难也会保持乐观的态度；对梦想、好奇心和兴趣怀有极大热情的态度；持之以恒地提出问题并寻求答案的好奇心。

那么，这种能够使我们的孩子变得积极向上、拥有大局观意识，同时又保持乐观、热情及充满求知欲的阳光环境，要怎样在家庭环境中营造出来呢？

积极的态度

开朗的孩子能够在和自己的较量中获胜

在最高点俯瞰一切的太阳为全世界带来光明。作为父母,要像太阳一样把世界明亮的一面展现给孩子,帮助他们昂首阔步地迈入广阔天地中。某天,一脸悲伤的多仁这样对妈妈说道:

"妈妈,我不喜欢跟世妍一起玩。世妍好像总是无视我。"

忙碌的妈妈听闻此语,仅用一句"要跟朋友处好关系"就简单迅速地结束了对话。妈妈冷冰冰的回答让多仁很失望。她认为没有人明白自己的心情,她开始觉得这个世界就是一个对自己讨厌的人要假装友好的虚伪之地。如果妈妈让孩子感觉到很受伤,或是每当孩子鼓起勇气讲出难以启齿的话题时,便摆出一副淡漠的态度,那么孩子将很难对妈妈产生信赖。事实上,孩子自己也隐约懂得要跟朋友处好关系的道理,但多仁想从妈妈那里听到的不过是"发生什么事了?""那个朋友是怎么想的?"诸如此类能够对自己受伤的内心表示关怀的表达。

孩子在对自己亲近的人产生依赖的过程中，对世界的看法也会变得光明。当孩子还是襁褓中的婴儿时，妈妈会及时地换掉纸尿裤来帮助他解除不适感，并提供给他关爱和照顾。同理，对于长大后的孩子的需求，父母也应当及时洞察到，并给予关注和理解，让孩子感受到无微不至的关怀，这是孩子对父母产生信赖的第一步。在温暖的照顾中长大的孩子，会懂得关爱他人，也会拥有一颗积极向上的心。

当孩子做出正确的行为或完成一些平凡的小事时，父母往往吝啬自己的赞美。但当孩子做出错误的行为或说出一些消极的话时，父母便会责备他或是惩罚他。于是，幼小的孩子常常会认为这种责备甚至体罚是父母对自己的关注。因此，为了得到更多的关注，孩子会做出更多负面的行为。需要注意的是，当孩子做出负面行为时，对孩子说出"跟你爸爸一模一样"或是"真像你妈妈"之类的话是不可取的。这样的表达很容易让孩子认为自己的不当行为"不是我的错，都是因为爸爸妈妈的原因我才这样的。"

当孩子的某种行为得到称赞时，他会更加频繁地重复这种行为。如果孩子做出了某种负面行为，只要对他人没有造成伤害，父母就当没看见吧。当孩子试图努力解决该负面行为带来的后果时，妈妈一定要记得给他送上温暖的关怀，并这样对他说：

"涂鸦要涂在纸上，饭桌是吃饭的地方，不能在上面画画。虽然做得不对,但你能够意识到并且试着把它擦干净,这就是很好的行为。"

试图补救错误的行为到底好在哪里,妈妈必须及时而具体地传达给孩子。

只有当孩子认为世界是一个光明、安全又可靠的地方时,他才会对这个世界产生好奇心,才会开始尝试新事物,对于交代给自己的事情也会尽最大努力去完成。那些做出不凡成就的人有一个共同的特点——比起事件或事物的消极面,他们更关注积极面。这个特点正是培养创造力不可或缺的一项,即"积极的态度"。拥有积极态度的孩子总是相信目标一定会达成,为了实现目标,他们积极主动地做出努力,并且不强求结果,而是享受过程本身。

那么,该怎样使孩子拥有积极的态度呢?作为家长,必须要营造出"积极的环境",使孩子能够在家庭内部获得良好的经验和体验。

给孩子积极、愉快的体验

智能手机出现后,最值得警惕和担忧的一个方面就是孩子对智能手机的频繁使用。许多父母带着孩子前往公共场合或是外出就餐时,又或是有紧急事情需要处理时就把手机丢给孩子。当孩子安静地看手机时,父母就获得了自由。

但娱乐性的视频完全无法成为知识输入孩子的大脑,很快就会被遗忘，这会导致孩子的思考能力下降。即使父母有些忙、有些累，也不要随便把手机塞给孩子，不如给孩子讲一些故事。如果是大一点的孩子，可以和他一起玩些诸如成语接龙之类的游戏，或是互相开开玩笑，聊聊天。

孩子通过和父母一起做一些新鲜的尝试，如一起去旅行，能够积累很多愉快的体验。这种体验越多，孩子就越想和父母拥有更多共处的时间。如果能够和父母一起去更多好玩的地方，品尝丰富多样的美食，或是共同经历很多有趣的事，孩子就会自然而然地认为和父母在一起度过的时光是愉快的。就算不是父母，只要孩子经常接触他的养育者，孩子也会从他们那里感受到支持、鼓励和爱。这样的孩子会更加懂得爱自己，也会提高自信心。

此外，与孩子听说能力相关的"语言体验"也会给孩子带来积极的影响。父母在跟孩子讲话之前，可以试着调整一下自己的语气，把自己接下来将要使用到的词汇斟酌一下。要摒弃"因为你简直没法活了""你最好趁我还在跟你好好说的时候认错"或是"忙死了，要疯了"这样负面的表达。最好能抱一抱孩子或是安抚一下他，然后告诉他"谢谢你成为我的孩子，因为你我感到很幸福"或"妈妈为你感到骄傲"这样的话，哪怕只是这样做一次也是很好的。

不与别的孩子比较

没有哪一个孩子是完美的,但很多父母喜欢把自己孩子的方方面面都拿去跟别的孩子作比较。父母有责任把孩子培养成为一个能够满足和享受自己生活的人。孩子应该对自己持肯定态度,认为自己什么都有可能做到。但是,如果父母首先认为自己的孩子不如别人,孩子就会认为自己什么都做不好。

那么,当孩子比别人做得好的时候要怎么办呢?这时候可以比较吗?我们假设一下,当孩子回到家告诉你自己在听写考试中得了100分。这时,请不要询问班级中共有几名同学得了100分,或是谈论其他同学做得有多棒。不妨问他:"哪一道题最难呢?在这样的情况下你还得了100分啊。"要像这样对孩子进行具体的称赞。对了,最好不要当着其他同龄人或兄弟姐妹的面表扬孩子。否则,很可能会引起其他人的好胜心或嫉妒心。但在有其他大人在的场合,是可以对孩子进行适当夸奖的。

即使自己的孩子在某个方面比别人知道得更多或做得更好,也不宜拿此与他人作比较。父母的这种比较,会使孩子认为只有当自己比别人优秀时,才算是一个还不错的人。这样的话,当孩子在做自己喜欢的事情时就难以感受到幸福,这会妨碍创造力的开发。孩子真正需要的不是和别人比,而是自己和自己比。不妨试着告诉他:"我觉得你长大以后做什么都好。你是世界上独一无二的孩子。"那么,孩子就会渐渐开始思考"我和我想要的东西接近了多少""我和以前的自己相比又进步了多少",或是"这到底是不是我真正想要的"。他会学着跟自己,而不是跟别人比较。不断地跟自己进行比较,并能够在和自己的较量中获胜的孩子,必将成为创意英才。

学会在细微之处表达感恩

如果对让自己开心的人或事物表达感恩,孩子的幸福感自然而然会增强。当别人向自己释放好意时,或是由于看到路边盛开的波斯菊而感到愉悦时,请引导孩子表达谢意。积极的态度和感恩之心具有很强的感染力,它能够迅速向周围扩散,并让更多的人感受到。感到幸福的孩子会努力让其他人开心,看到别人开心,孩子又会变得更加幸福。即使每天面对的都是细微琐碎的事情,也要努力从中找到值得感恩之处,写一本属于自己的"感恩日记"。

如果周围存在引起孩子负面情绪的人,一定要让孩子与这个人保持距离。当孩子遇到不开心的事时,务必先给孩子一些空间和时间,耐心等孩子对情况进行独立分析,明白自己在该情况下能够改变的东西和改变不了的东西。如果父母常常对别人说三道四,那么孩子无论与谁接触都会更关注他人的负面特征。因此,不要当着孩子的面对别人进行讽刺、挖苦和贬低,要多谈谈别人的优点。负面的肢体语言也会滋生消极的思想和内心,因此,应当避免摆出不悦或烦躁的表情,不要做双臂环抱、跺脚的动作或是长吁短叹等带有负面色彩的行为。

培养孩子对失败的免疫力

爱迪生在成功找到让灯泡亮起来的材料之前,经历过多达1600次的失败。他的助手不解地问:"你为什么能不放弃?"爱迪生回答,他了解了1600种不能做灯泡灯丝的材料,对他来说在这个过程中没有任何一次是失败的、徒劳无功的。

我们也应当教育孩子要像爱迪生一样,不轻言放弃,并不断地去修正失误。想要让孩子不要因为失误或失败感到受挫甚至被击倒,就需要让他们在各种各样的失败中积累并总结走向成功的经验。要鼓励和教育孩子"不要因为一次失败就否定整个人生或是永远消沉下去",要告诉他"只是这一次失败了而已,我们找到这一次失败的原因就好"。此外,还可以告诉孩子,如果失败仍然让你感到很悲伤,可以轻轻地闭上眼睛,回想让自己感到幸福的事情,这样也有助于从负面情绪中脱离出来。这样,孩子在尝试新事物和不断总结失败经验的过程中,"心力"就培养出来了。不惧失败的孩子能够将失败视为成长的跳板,帮助自己跳得更高。

大局观意识

胸怀远大梦想的孩子能够成为大人物

在我的学生时代,老师总会询问我们对未来的期望。如果对当今的孩子们提出同样的问题,我想答案一定会更加丰富。然而,在我读书的那个年代,很多女同学会回答自己的梦想是做一位贤妻良母。如今有很多孩子梦想着长大以后能成为公务员或律师,是因为大部分父母希望孩子能够拥有稳定的工作。

但无论是贤妻良母还是公务员,这样的梦想都不是能够把孩子培养成为创意英才的"远大梦想"。我所说的远大梦想,是指孩子被某位伟人的事迹触动后,立志要成为他那样的人的梦想。牛顿想成为伽利略那样的人,爱因斯坦想成为牛顿那样的人,而史蒂夫·乔布斯想成为爱因斯坦那样的人。如果某个孩子被居里夫人的故事感动,并把居里夫人视为榜样,立志要成为她那样的人,那么这个孩子未来很可能真的会创造出伟大的业绩。梦想着像榜样那样做出成就,并不是对于未来缥缈的想象,而是对榜样投身的领域、创造的成绩和生活等全方位的憧憬。以此为基础,用自己内心深处喷涌而出的热情去追寻远大的梦想。

"大局观意识"可以使人跨越眼前的障碍或界限,着眼于未来,勇于挑战看似不可能的事。胸怀大梦的人,会运用抽象思维在脑海中反复勾勒眼前看不到的画面。在这个过程中,被称为创造力之花的"想象力"也会随之激发。

为了让孩子从小就拥有远大梦想,父母必须树立好的榜样。也许孩子会说出"我要改变世界!""我要揭开宇宙大爆炸之前的宇宙谜团"这样在父母眼中不现实的话,但父母依然要给予孩子认可和鼓励。所谓梦想,首先要有梦,才能进一步思考到底能不能实现,又该怎么实现。

在我童年时,父亲总是热衷教会活动而忽略家庭。因此,我是怀着对教会的怨恨长大的。当父亲为独居老奶奶们主持教会活动时,我的母亲正终日不停地在果园中劳作,在集市上卖布料。此外,她还要督促四个孩子的学习。过度操劳导致母亲营养不良,但她从未有过一句抱怨,也不求儿女们给她任何补偿,只是叮嘱我们:"学习不仅是为了让父母享福,更是为了成为这世上的光和盐。"虽然我痛恨教会,但在那里听过无数遍的"要努力成为世上的光和盐"的的确确给我带来了好的影响。当我在美国获得博士学位,苦思前程之时,我无数次地问自己:"到底选择哪条路才能够成为世上的光和盐呢?"

其实,很多创新者的梦想有一个共同点,那就是"改变世界"。具备大局观意识的孩子不会把自己的梦想限定为从事某种职业。想要让孩子为实现自己的远大梦想而努力,父母必须为其营造能够培养大局观意识的环境。

父母是孩子的第一个榜样

若想让孩子拥有远大梦想,父母必须要努力成为孩子的第一个榜样。孩子是望着父母的背影长大的。对孩子来说,父母是他人生的源头。孩子通过父母掌握语言,在父母的影响下形成自己的生活方式和价值观,设计自己的人生。因此,父母一定要为孩子树立好的榜样。

父母可以告诉孩子自己的榜样是谁,告诉孩子自己为了向榜样学习都读过哪些书,保持着什么样的学习态度和方式,在做着什么样的努力。以职场妈妈为例,可以跟孩子聊一聊在跟孩子分开的时间里,妈妈在职场上做什么,遇到过哪些困难,为了解决这些难题付出了怎样的努力。如此,孩子就会知道妈妈在自己看不见的地方为了实现梦想付出了怎样的努力,自己也会学着妈妈的样子不断进步。如果父母目前没有榜样,则可以跟孩子聊一聊曾经被自己视为榜样的人的故事,告诉他自己为了靠近心中的榜样自己都做过哪些尝试。如果自己心存遗憾,也可以用跟朋友聊天的方式与孩子分享。

此外，父母若能成为其他人的良师益友，或是做出一些助人为乐、奉献社会的举动，也能对孩子产生十分有益的影响。看到这样的父母，孩子会自然而然地产生"成为大人的意义，是可以帮助别人啊"这样的想法。千万不要跟孩子说"有一个好工作的人生才是成功的人生"这样的话。

共读名人传记

名人传记能够为孩子展示一条走向更大世界的路。阅读名人传记，感受他们的经历，在梦想一步步延伸的过程中，孩子的思考能力也会迅速提升。请向孩子讲述包括科学家、数学家、文学家、政治家、企业家、艺术家和运动员等多个领域的成功人士的故事吧。虽然这个世界上有太多的名人，每个领域都有值得铭记和学习的榜样，但教科书中出现的人物相当有限。比起只通过教科书来了解名人的故事，父母最好能够通过网络或是书籍，将自己了解到的各种各样的人物故事尽可能多地讲给孩子听。在讲的时候要注意，比起讲述名人成年后的事迹，不如讲些适合孩子的名人小时候经历的故事。

此外，比起一味突出功绩的名人传记，选择随笔或自传是个更好的选择。多向孩子讲述那些小时候无异于普通孩子的人是如何创造出伟大业绩的，以及他们的童年时光是如何度过的。随着对名人童年经历的深入了解，孩子会渐渐懂得，原来名人小时候也会比别的孩子成长得慢，名人小时候也会生活在非常恶劣的环境中，名人也曾遭受朋友的嘲弄。这样一来，孩子会获得自信，相信平凡的自己日后也有机会成为一个优秀的人，同时也会产生为自己想做之事制定计划并付诸实践的动力。

想象眼睛看不到的东西

如果能够引导孩子把民主主义、创新、世界和平和社会正义等抽象的概念进行视觉化表现，对孩子创造力的开发具有相当大的帮助。想让孩子通过扩展想象的边界去解决问题，进行创作的话，可以试试让他在脑海中对下列情况进行想象。

- 想象一下在距离自己最远的国家里人们生活的样子。
- 抛开此时此刻，去想象一下遥远的过去和未来。
- 想象一下非现实世界中可能存在的生物、物体和环境。
- 想象一下令自己感到骄傲的未来的样子，并通过绘画或写作的方式将其具象化。

让孩子试着忽略具体的细节，如物品、动物或人身上的某个特征等，先对事物的整体进行把握，再把自己感受到的东西用绘画或文字表达出来。然后再回到细节上。对具体的概念和抽象的概念交替着进行视觉化训练，有助于培养孩子的抽象思维。

即时的行动

无惧他人目光,敢于展现自我的孩子才能打破框架

所谓即时的行动,是指当产生新想法或遇到新机会时,不耽误时机,自由实施想法或牢牢抓住机会。能即时行动的孩子能够创造充满活力的生活。

如果想让孩子拥有灵活的思考和果敢的行动,那就给予他无视外部眼光、勇于展现自我的自由。但东方的孩子,尤其是韩国的孩子从小就习惯看别人的眼色,通常会过分在意别人的眼光而无法提出自己的主张。这样的孩子不仅难以做出即兴的举动,而且在为某件事做决策时,更容易把选择权交到别人的手中,跟随别人的意见。

最终,看别人眼色的孩子不再关注自己想要的东西,转而去了解别人想要的东西。比起积极主动地说出自己的意见,他们更愿意附和别人的意见。甚至当别人的意见并不正确时,他们也会克制自己不去触犯对方。这样的孩子长大后会由于各种规则的限制而隐藏自己的想法，成为一个小心翼翼的人。有些人甚至被动到在没有接到上级指示的情况下，完全不知道自己该做什么。并且看别人眼色的孩子为了不被别人看穿，通常不会在别人面前展现真实的自我，而是把自己伪装起来。

一直按照别人的要求、期待和愿望过日子，连"我是谁"都没有真正思考过的人，很难感受到自己才是自己生活的主人。父母要尽力帮助孩子成为自己生活的主人。当孩子为自己的重要事项做决定时，父母要尽量让他独立自主地对事情进行判断，为自己做决定，帮助他成为一个能为结果负责的人。想要实现这个目标，父母需要了解孩子的想法和情感，并允许他自由地表达出来。不要让他看别人的眼色，要让他学会审视自己的内心。

要想把孩子培养成为他自己生活的主人，父母绝不要为孩子制作时间表，或是规划他的人生。虽然要尊重孩子的需求和意愿，但也要确保孩子的自由行动在安全范围内。因此，我们最好为孩子提供几条必要的守则，在这范围内引导孩子更加关注自己的感受和心情，更加重视和坚持自己的想法、意见和行动。如此一来，即使是年幼的孩子也能够清楚地知道自己的感受是什么，自己在想些什么，以及自己想要的是什么，然后坚定地付诸行动。进而在这个过程中，培养孩子为自己做出的选择负责的态度。

在培养孩子即时的行动能力时，也有需要特别注意的地方。

当孩子的某些想法刚刚浮现时，不要急于对它做出评价。这种做法非常愚蠢，就好像开车时一只脚放在油门上，另一只脚放在刹车上。

在一成不变的日程中加入变量

不能简单地认为"一成不变"一定是件坏事情。安稳平和的日常会给人带来安全感和舒适感。并且在看似不变的日常生活中，也包含着可以为我们带来正面影响的内容。然而，一成不变又毫无闲暇的生活单调，毫无新鲜感，会导致孩子提不起兴致。

试着和孩子一起，把生活中需要每天重复做的事按照时间顺序整理出一份日程表吧。早上起床后的第一件事是什么呢？孩子的一日生活就是从这里开始的。孩子每天是按照预先制定好的顺序在做事吗？去学校的时候总是走同一条路吗？总是和自己志同道合的朋友在一起玩吗？跟孩子一起浏览他的日程表，看看哪些事情可以调整变化。如果孩子对自己习以为常的模式或日常作息发生改变感到恐慌，要问清楚他为什么惧怕这种变化，并努力和他一起寻找解决方案。

要想培养孩子即时行动的能力，就必须在孩子熟悉的生活模式中加入不确定因素，让孩子感到生活像一场无法预测的大冒险。帮助孩子将即时行动合理地融入规律性的生活中。需要注意的是，要避免对孩子的日常生活做过多、过细的规划。过分按照计划执行，会使孩子丧失即时感，不利于对创造力的开发。如果孩子突然被什么东西吸引，不要担心他会出错，应当让他按照自己的想法去尝试。

- 不要将孩子的日程制定得过于复杂、细致或生硬。
- 让孩子学会自己为自己做决定。
- 让孩子不要在小事的决策上花费过多的时间。
- 偶尔在没有制定计划的情况下，让孩子随心所欲地行动。
- 在决定某些事情时，试试用掷骰子或掷硬币的方法，把结果交给运气。
- 如果在计划正常进行的过程中出现了更令人感兴趣的事，可以优先去做那件事。
- 偶尔可以跟着心情，而不是跟着大脑去行动。

让孩子从固定的框架生活中脱离出来

孩子不能对未来感到焦虑，而要学会享受现在。告诉孩子在休息时把烦心事暂且抛诸脑后，尽情享受当下的愉悦。夜以继日地埋头苦干，虽然也有可能取得小的成功，但很难完成大的创新。要让孩子在自己感兴趣的领域中展开新的探索，获取新经验，为自己的生活增添积极的要素。当孩子获得了新的经验之后，父母可以和他探讨关于这项新经验带来的心得体会。

比如，和孩子一起利用新的食材或烹饪法制作一顿美味的料理，或是去一家异国风味的餐厅品尝从来没有吃过的食物。还可以在没有看过预告片的情况下随机地观看一部电影，或者漫无目的地散步。除此之外，学习一门外语或方言，和初次见面的大人们共处，跟陌生的朋友度过一天等，对于孩子来说，都是日常生活之外的丰富体验。

把孩子房间的家具重新布置一下，或者在书桌上摆放新的装饰，这种变换环境的方法也是非常不错的。即使是这样小的变化，也能让孩子认为学习不是一件枯燥的事，而是一项很有趣的活动。和孩子一起参加读书俱乐部之类的也是个好办法。

如果和孩子一起去旅行，无论事先有没有制订计划，都请预留些时间应对可能突然发生的事情，根据实际情况即兴地制定计划，或是干脆来一场无计划的冒险。还可以让孩子挑战一下至今从未尝试过的色彩和风格，给自己换新装扮。也可以引导孩子用图画将自己的情感表达出来，或是重新装饰自己的房间和书桌。

最后，让孩子试着用意想不到的语言或行动来为别人制造惊喜，或是对他爱着的人表达些什么。

- 送出一份特别的礼物，告诉对方对于自己来说，他/她是多么特别的存在。
- 去一个可以制造新回忆的地方。
- 用新颖的方式即兴地表达谢意。

乐观的心态

像玩一样去学习，像学习一样去玩

史蒂夫·乔布斯的生命中有一个十分重要的人——他的邻居拉里·朗（Larry Lang）。拉里·朗曾向17岁的乔布斯以十分生动有趣的方式展示了一只碳精话筒。这极大地引起了乔布斯的兴趣，开启了他对碳精话筒的探索，并使得他日后埋头于电子产品领域，成为世界级的创新者和企业家。

同理，在孩子初次接触某个事物时，一定要用带有趣味性的方式来引入，这样才能引起他的好奇心，使他产生进一步探索的欲望。想要达到这个目的，玩耍和学习就不能各行其道。不能让孩子感到学习是沉重而枯燥的，要让他像玩耍那样，快乐地享受学习。也就是说，要让孩子像玩一样去学习，像学习一样去玩。比如，在孩子刚刚开始学习钢琴或美术时，不要急于推进学习进度，而要让孩子先沉浸在钢琴的韵律或美术作品的创作过程中，感受艺术带来的愉悦。

　　帮助孩子找到学习乐趣的关键,是调动起孩子乐观的情绪。乐观的人即使在消极的环境中依然能够找到有趣之处,拥有一笑而过的从容,而不是对万事万物都抱以悲观的态度。乐观能够使人审慎地看待问题,去寻找那些看似没有关联的事物中存在的内在联系。

　　拥有乐观心态的孩子,无论在何种情况下,都能够想出各种各样的新点子。即使遇到棘手的问题,也能乐观地去寻找积极的一面。此外,拥有乐观心态的人,无论别人对自己的想法提出多么尖锐的质疑,都能凭借一颗强大的内心微笑面对。所以,在西方,乐观和幽默是成为一位领导者的必要条件。

　　要想培养出这样的乐观心态,就必须为孩子营造出阳光环境。在幽默、轻松的环境中,孩子自然会拥有乐观的心态。那么,孩子的乐观心态和幽默感该怎么培养出来呢?按以下三种方法试试看吧。

常逗孩子笑,也让孩子逗别人笑

　　乐观和幽默能使人愉快地做事。这里所说的幽默并不是指使人捧腹大笑的插科打诨,也不是即使烦恼也不会皱起眉头,而是开心爽朗地笑着,让周围人也跟着一起高兴起来的能力。幽默可以让自己成为幸福又富有魅力的人,给周边的人带来欢笑。

　　如果父母时常和孩子开一些合适的玩笑,和孩子一起咯咯笑,这会给孩子一种启发：无论在何种情况下都应该努力找到事物有趣的一面。这也能够使孩子在面对他人所开的无伤大雅但又有些尴尬的玩笑时，不会反应过激、恼羞成怒，以具有攻击性的方式回应，而是用轻松愉快的语言去化解。孩子把自己经历过的最好笑的事或是做过的傻事分享给其他人，也有助于培养其乐观、幽默的心态。

此外，在班级演讲时，在标题或内容中增加幽默的成分，巧用一些能够逗笑观众的小工具，或是在制作某件物品时，将自己的想法和感情以风趣的方式表达出来等，都可以增加孩子的幽默感。

让孩子试着以一些滑稽的图片或俏皮话为素材创作连载漫画，也不失为一种培养幽默感的好办法。还可以给孩子看一些有趣的图片，如小狗阅读英文，或是用小石子拼成恐龙的脚印等，让孩子为这些图片起一个搞笑的标题。或者引导孩子用诙谐的视角去看事物，然后拍下角度奇特的照片。

此外，父母可以对孩子讲述自己童年时的尴尬经历，学生时代发生过的或愚蠢或丢脸或荒唐的事，让孩子从中寻找笑点。通过这样的体验，孩子能够学会把看似严肃沉重的事转化成幽默有趣的事，即使在困境中也能够找到事情好的一面，从容面对。

和孩子一起做游戏时，父母应当把自己想象成孩子，把自己调皮、滑稽的一面毫无保留地展现给孩子。举办一场别开生面的聚会或化装舞会也是个不错的选择。父母可以和孩子一起制作孩子最喜欢的动物或人物的形象。此外，和孩子约定一个"玩游戏日"，在那天让孩子约上身边的朋友一起度过愉快的时光。还可以跟孩子在用毛毯或被子铺成的"秘密基地"里面尽情玩耍，或是配合着欢快的音乐自在舞动。

· 如果有令孩子感到苦恼的事，可以让孩子写一篇关于此事的日记，再一起从中寻找有趣的点。

· 和孩子一起讨论从报纸、电视新闻和网络新闻等媒体上看到的有关政治人物或演艺明星等高知名度人士的奇闻趣事。

· 让孩子从跟自己不同的人身上寻找有趣的差异。这有助于孩子体验和感受不同的文化、行为和习惯。

· 阅读一本有趣的书，观看一部搞笑的电影、一次滑稽的演出，或是参与一场喜剧的表演。

通过练习获得幽默感

幽默感在幼儿早期就可以进行培养。父母可以每天为孩子寻找五件以上的趣事，如果遇到有趣的瞬间或搞笑的事件，可以当场记录下来，这么做有助于帮助孩子表达幽默。

幽默包括说话风趣、语言富有讽刺意味、开玩笑、表达夸张以及做滑稽的动作等。孩子可以选择适合自己性格的幽默方式。其中，我推荐孩子练习适当地开玩笑以及选择开玩笑的最佳时机。

1 阳光

　　如果孩子害怕在其他人面前发言，可以试着让他大声地告诉自己和别人，自己并不害怕做这件事，以及自己有多么兴奋。这时，鼓励孩子不要去想"如果别人不笑的话该怎么办"，而是关注对方的积极回应。比如，要注意观察对方的动作、语调、表情和笑的时机，然后试着总结出可以成功逗笑别人的要点。但是要告诉孩子避免调侃别人的外貌、缺点、信仰等。

　　"死去的冰块叫什么？""正确答案，跳水①！"类似这样的语言游戏也有助于培养孩子的幽默感。在抖出下一个包袱之前，可以给听众留出充足的时间笑个够。还可以在预计听众大笑的时间点之前，做出短暂的停顿，最大限度地调动对方的期待，将效果发挥到最佳。

　　通过这样的练习，孩子可以观察到人们在日常生活中通常在什么时候、会因为什么而笑。然后根据倾听对象的反应，选择合适的内容、时机和风格，不断完善自己开玩笑的方式。

　　在东方国家，在正式场合开玩笑常常会被认为态度不端或举止轻佻。然而，幽默不仅能够帮助开发包括想象力在内的创造力，更是成为有魅力的人不可或缺的要素。幽默是一种吸引人的力量。因此，即使孩子表现出调皮的一面，也要以培养孩子幽默感的心态看待并给予鼓励。

---

① "跳水（diving）"一词在韩语中的发音听起来像是由英语的"die（死亡）"和韩语"빙"（意思是"冰"）组合而成。

热情的态度

热情是孩子的无限动力

很多人认为,热情是某一天突然迸发的。然而,一时萌发的只不过是好奇心,并不是真正的热情。想要拥有热情,首先必须要喜欢上某种东西。如果连自己喜欢什么都不清楚,就无法持续地倾注热情,突然到访的好奇心也很难发展成为真正的热情。

在学习之初,先让孩子在好奇心的驱使下去探索某一科目。如果孩子在探索过程中产生了兴趣,他自然而然会想要了解得更多或做得更好。这就是点燃了孩子的热情。成为创意英才最重要的条件是要有源源不断的活力。为了维持这种活力,孩子需要持续地涌现灵感,同时生活在一个能令身体和精神都充满活力的环境中。

父母要努力为孩子寻找良师益友,以激发孩子的潜力,鼓励孩子成为更好的人。这个良师益友不是伟人或社会榜样,而是在实际生活中孩子能接触到的人。孩子在与对方分享达成小目标的喜悦时，会获得学习的热情。

把照片、格言集、小饰品这些能够让孩子回忆起幸福时刻的物件收集起来，保存在盒子里吧。当孩子的热情减退时，打开这个盒子，他就可以回想起那些令人心动或神采飞扬的瞬间，精神上重新充满活力。

不仅是精神上的力量，身体上的力量也很重要。孩子若要将无限的热情倾注在自己的兴趣或梦想上，必须学会"力量管理法"。少食多餐，多吃坚果、新鲜水果、蔬菜等能够为身体提供全面营养的食物。此外，睡眠不足会导致孩子的短期记忆力受损，最好让孩子在做完一件很耗费精力的事之后多睡一会儿来恢复体力。到公园里去散散步，观赏田野的风景，都可以让大脑更好地休息。

孩子在学习时，比起纸上谈兵，更好的方式是亲身体验。在探索自然之后，将自己的所见所得表达出来。通过表达，孩子可以回顾当时的情景，回味当时的感受。

父母可以带孩子到博物馆、图书馆、公园等地方去实地积累知识和经验，也可以引导孩子通过搭积木、画画等可以自由发挥的活动，将内心深处的需求释放出来。折纸之类的活动也有助于缓解疲劳。孩子会思考应当按照什么样的顺序来折，会在反复尝试的过程中，在脑海中勾勒出成品的样子，最后按照自己的想法来表现作品。如果孩子对折纸不感兴趣，还可以通过音乐去激发他的活力。音乐可以削弱孩子在独处时的孤独感。

有时，精力旺盛的孩子会被视为问题儿童，他们因为好动而被贴上负面的标签。但如果能对这种活力加以利用，就能够帮助孩子开发他的创造力。

实际上，拥有创造力和"注意缺陷与多动障碍（ADHD）"的一部分特征相似。比如，好奇心强、易冲动、活动过度、情绪不稳定等。

如果孩子有以下多动行为，希望各位父母能够正确地加以引导，帮助孩子将其转化为热情的态度，而不要一味地对孩子进行否定。

· 在需要长时间保持安静的场合中，发出奇怪的声音。即使坐在椅子上，身体也会一刻不停地动弹，不断地摆弄手指、晃腿等，或是干脆离席。

如果孩子表现出与下列情况类似的烦躁、散漫，请运用培养好奇心的方法帮助他。

· 对很多事情过分好奇，十分唠叨，做事散漫，别人说的话听不进去。专注的时间很短，并且会提一些莫名其妙的问题。不注意观察细节，常常出现失误。不能完成指示或任务。会丢失重要的物品或是忘记日常的活动。

1 阳光

如果孩子表现出以下不稳定行为、固执行为或冲动行为，请利用感性思维、自我主导意识和即时的行动去引导他吧。

· 在别人的提问没有结束之前就急匆匆地回答，无法耐心排队，会妨碍或干涉别人的活动。固执于自己的主张，情绪波动大，会突然哭出来或发脾气。如果发生不顺心的事情，情绪会爆发，更加执拗。

其实使用ADHD药物，与其说是为了治疗孩子，不如说是为了让教师更加便于对学生进行统一管理，或是父母为了让孩子在别人眼里看起来更乖一点。请想一想，有多少未来的创意英才们，由于大人们图省事而被埋没了啊。

培养对某个独特领域的热情

跟所有人在同一个领域里争第一难度很大，但在跟别人不同的领域中，只要稍微领先就有可能成为第一。如果能够找到自己与众不同的兴趣，并且在这个领域中培养热情，就会减少竞争，更容易成功。父母不妨问问孩子："你对什么感兴趣呢？""你感兴趣的领域的信息在哪里可以找到呢？"

去不同的领域探索吧

不管是哪个领域,请帮助孩子发现能点燃他好奇心的火种,寻找能够令他迸发热情的机会。如果你找到了这个兴趣点,请不要把孩子限定在某种固定的框架内,要引导孩子找到自己的独特之处,帮助他走出一条属于自己的路。

让孩子把已经会做的事情、擅长的事情、总想要多做一些的事情和令自己感到骄傲的事情罗列出来,和他一起从中寻找自己的兴趣所在。父母应当给孩子提供可以尝试和深入探究的多样化的主题、科目或技术的机会,让孩子在至少六个月里愉快地学习其中一项并喜欢上它。即使这件事孩子自认为无法完成,也要鼓励他至少尝试一次。此外,父母平时要注意观察孩子喜欢什么、讨厌什么以及在做某件事情的时候能够沉浸其中多长时间等。

去寻找隐藏起来的兴趣

如果孩子无法立刻说出自己的兴趣所在,这说明孩子目前仍没有找到自己的兴趣领域。这时,有一个办法可以帮助我们找到孩子尚未被挖掘出来的兴趣点,那就是仔细留意孩子平时与人聊天或上网时都会涉及哪些内容、活动和想法,然后询问孩子以下问题,找出孩子隐藏的兴趣。

1 阳光

- 在做什么事情的时候会高度集中，察觉不到时间的流逝？
- 在做什么事情的时候完全不想停下来？

也可以反着来问。

- 你做这件事是为了取悦别人，而不是为了自己吗？
- 你最讨厌做什么事情？

找些容易上手的事情

孩子在日常生活中通常会对简单易上手的事产生兴趣。不用刻意努力就能做好的事情，正是孩子显露才华的领域。询问孩子下列问题，无论是大孩子还是小孩子，都可以找到孩子本身具有或是正在开发的优势。

- 有没有想对别人提出的建议，或是想教给别人的事？
- 朋友或家人会向你请求哪些帮助？

如果能找到孩子不需要非常费力就能轻松做好的事，那么也一定能够找到他只需要稍微努力一点就能做到的事。试着问问孩子下面这两个问题吧。

- 你做什么样的事情会得到大家的称赞？

・至今为止你拥有的最酷的经历是什么？这些经历有什么共同点？

回想一下以前的兴趣吧

让孩子回想一下比现在更小的时候，自己的梦想是什么。即使现在看来，那时的梦想不切实际，但那是孩子在还未受大人影响的时期，纯粹发自好奇心和冒险心的梦想。在那些没有人指示孩子做什么的时期，他都做了哪些事情，参加了哪些活动，拥有了哪些兴趣爱好，然后向孩子提出以下问题。

・什么样的活动会让你想起小时候？

・在不需要考虑别人的想法时，你喜欢玩哪些游戏，读哪些书，参加哪些活动呢？

强烈的好奇心

好奇心强烈的孩子更加好学

每个人都有过激动的时刻。比如,长期单恋后迎来的第一次约会,即将到来的重要会面,或是到向往已久的地方去旅行。好奇心和灵感,是一对如影随形的搭档,只要激发了其中一个,另一个一定会毫不犹豫地跟上。好奇心还是培养创造力的原材料,只要提供这种原材料,创造力就能慢慢地开发出来。孩子应当从小时候起就培养好奇心和激动感。

现在,仍有许多父母坚信"努力"是提高学习成绩的唯一途径。所以,孩子们为了提高分数,必须努力接近标准答案,并提醒自己不要用不着边际的提问或回答来破坏大家刻苦学习的氛围。在这样的环境中,孩子无法实现自由的思考和探究。他们看起来就像是一台机器,输入正确答案,然后走进考场,再把答案原封不动地输出。但事实上,让学习变好的并不是"努力",而是"灵感"和"好奇心"。

爱因斯坦曾说,自己并非拥有特殊的才能,只是好奇心强烈罢了。如果孩子缺乏好奇心,他很可能养成不了与众不同的思考方式。

所谓好奇心,是指孩子像两三岁的儿童那样,对自己未知的一切感到好奇,不断地提出问题和寻找答案。具有好奇心的孩子会在自己好奇的方面积累很多知识,关注到别人察觉不到的细节。在此过程中,孩子会提出更多问题,并在寻找答案的过程中感受到获取知识的灵感,然后去追求更大的兴趣爱好。

用新视角看旧事物

想要把好奇心成功地发展为创造力,孩子需要用灵活的思维方式思考问题。此外,传统"填鸭式"教育的非对即错的两分法思维会使孩子的思维逐渐僵化。

孩子们现在的生活丰富多彩,有许多可以培养他们思考能力的方法,但要注意别让电子设备中缺乏营养的视频、游戏麻痹孩子的思考能力。

若想使孩子的思维变得更加灵活,父母有必要引导孩子用新视角去看待身边习以为常的事物。请通过下列活动,有意识地帮助孩子从不同的视角去看世界。

- 找到生活中需要被迫和别人统一意见的事，让孩子对此质疑。

- 在确保安全的情况下，尝试让孩子做一些看起来不可能的事。

    父母要给孩子创造能够发散思维的环境，如下雨天允许孩子光脚踩水，或是下雪天和孩子一起在雪地里打滚。让孩子摒弃只能单纯接纳某件事，给予他探索和享受冒险的时间。

    在孩子初次挑战某件事或学习新领域知识时，不要催促他，要耐心等待并为他送上鼓励。我们以孩子初次尝试做针线活为例：即使孩子做出的针线活歪歪扭扭，动作又慢，也不要心急主动抢过来帮他做，试着耐心地等等看吧。

    如果孩子对存在一定危险性的事情产生好奇，可以事先制定好安全守则，然后再让他尝试。公园里的攀登架、滑板等在父母眼中都是带有一定危险性的器材，但这些并不是完全不可尝试的，和孩子制定好规则后，帮助他在安全范围内去尝试吧。此外，引导孩子独立思考能够帮助其改正缺点的方法。记得不要对孩子想出的点子做好或不好的判断，要给予积极的肯定。比如，让不愿意读书的孩子提出能够使其读书的办法，并支持他的想法。如果想用这样的方式调动孩子的好奇心，可以使用下面这些方法。

- 不要买现成的玩具，尝试亲手制作一件。

・到其他小区去和那里的小朋友们玩一场探险游戏。

・对孩子表现出的诸如提问、独立学习、思考新方法、改善情况和接受变化等积极的方面给予称赞。

・让孩子多多参与建立在实验基础上的学习、亲身体验式的学习,如手工活动、采访互动、趣味聊天、制作料理或是去商店买东西等。

・每天让孩子至少用30分钟读书、画画、发呆或讲述经历的一件事。

发现一个个未知的乐趣

如果你告诉孩子世界是一个神奇之地,孩子就会想更多地了解这个世界。不要再说"都是已经做过的事了""妈妈早就知道了"这种冷漠的话来浇灭孩子的热情。另外,无论在何种情况下,父母都不要草率地认为某件事是枯燥无聊的,也不要断言某件事是非常令人兴奋的。父母不如问问孩子:"你对什么样的事感兴趣?"引导孩子自己找到答案。比如,通过讲解动植物图鉴或宇宙知识等,来告诉孩子至今仍是谜团、不可思议的东西。一张麦田怪圈的图片就能让孩子保持整整一个月的好奇心,展开想象的翅膀。这样做的话,孩子每天都能发现一个有趣的、从前不知道的新知识。

即使孩子尚且年幼,理解能力有限,父母也应该尽可能具体

1 阳光

地向孩子讲述自身领悟的关于世界的真相或从生活中获取到的经验教训。陪孩子一起坐在书桌前，或是一起躺在地板上，用和孩子相同的视角去观察事物和环境。父母可以回忆自己小时候玩耍的方式，向孩子建议游戏玩法或直接教他如何来玩。和孩子一起进行下列活动，让他感受世界的神奇吧。

·找一些至今仍是未解之谜的现象和孩子一起讨论。

·无论孩子在做哪一科的作业，都可以试着让他用英语来书写答案，或是通过画画来表示答案。让孩子通过这些方式来感受乐趣和愉快。

培养对大自然的好奇心

即使有父母觉得让孩子与动物接触存在一定的危险，但这样做有一定的好处，能在孩子的心底播下好奇的种子。与动物接触不只是让孩子获得一些关于动物的知识，更是为了激发孩子对于动物和大自然的好奇心。孩子若想解答自己好奇的问题，会主动寻找答案，积累知识。

如果家里能养一只宠物，孩子可以真实地体验不同生物的生活情况，从感官上激发好奇心。孩子会把在书上看到过的知识和实际生活联系起来。如果家里不具备饲养宠物的条件，可以用植物、昆虫等代替。

一些父母急于让孩子学到东西,就给孩子布置任务:"想要了解那个动物的特征,就去查查它的食物、栖息地和繁殖方式吧。"但事实上,让孩子根据自己的好奇点,自发地查找资料对好奇心的培养更加有效。

如果孩子能够亲自饲养一只宠物,请为他准备一块探索发现板,让孩子把自己找到的信息、提出的问题和思考的意见写在上面。此外,使用显微镜或放大镜仔细观察某种东西,也是非常好的探究性活动。

把学到的知识和实际生活联系起来

和孩子共读关于化学、物理、地球科学和自然生态等图书,有助于加深孩子的思考,帮助孩子更好地钻研。如果父母正在阅读科学类书籍,可以把其中有趣的部分跟孩子分享。给孩子讲讲爱因斯坦、电话机的原理等与科学有关的人物或历史故事,或是把书中出现的难以理解的概念,用打比方的形式深入浅出地给孩子讲一讲。当孩子想要更进一步地探究在书中看到的原理时,不要指点他,也不要唠叨,而是留心观察他自己主动探究的过程。

和养宠物一样,如果想让孩子对科学领域保持长久的好奇心,就有必要把孩子接触到的科学知识与实际生活联系起来。水壶里的水烧开时为什么会发出声音?亲眼看看就知道了。还可以到野外去,在大自然中寻找科普书上出现的动植物,然后向孩子抛出新的问题。

- 你在看什么呢?
- 你认为它正在干什么?
- 到底发生了什么事情?
- 什么东西受到了它的影响?
- 如果它不这样做的话会怎么样?
- 怎么做才能了解到更多信息?
- 它和人类的共同点和差异点是什么?

父母应当为孩子留出独处的时间,让他能为自己提出的问题寻找答案(比如,实地学习、去图书馆、上网查询、看专家解说、野外探究等)。找到问题的答案之后,可以让孩子访问与问题有关的场所或进行相关的实验,以验证自己假设的命题。此外,如果能够利用家里的材料让孩子独立进行下列实验的话,对培养孩子的好奇心也是大有好处的。

- 亲手制作一个冰激凌,了解一下盐在制作冰激凌的过程中起到什么样的作用。
- 种下一颗种子,培育一棵植物(推荐使用透明容器,可以观察到种子生长的过程),或是饲养一只昆虫。观察植物和昆虫的生长变化过程，并对此展开讨论。

• 收集可以从大自然中获得的事物，按照相同点与不同点对它们进行分类。可以从大小、外观和颜色等方面对树叶、贝壳、石头等进行观察。

• 在观察事物或动植物的同时，要注意它们之间的相互作用和关联性。比如，探究成年动物和幼崽的关系，水果和颜色的关系，动物体内各器官之间的关系等。

• 参观动物园、水族馆、博物馆等，给予孩子充分的学习和提问时间。

生活的所有瞬间都充满着丰富多彩的形状、声音和气味。和孩子一起寻找为生活增添乐趣的东西吧。孩子要怀着好奇心看待自己周围的生活，充分调动视觉、听觉、嗅觉来感受生活的气息，学会用多种视角观察世界。比如，观察早晨从身边飞过的鸟类的数量和种类，倾听鸟儿的啁啾声，留意在家里或学校吃的午餐或晚餐，观察身边人喜欢的电视节目、电影、杂志或书籍的种类等。或者找一个时间，观察阳光透过窗户洒到墙壁或地板上的样子，把阳光的颜色和影子长度的变化记录下来。还可以试着记录遇到的图书馆管理员、交通警察，或是经常光顾的商店里的收银员的行为表现。这种记录，有助于孩子感受经常接触但不曾了解过的人、事、物，孩子还可以把这些人、事、物的样子、声音和气味整理成小册子。

- 让孩子选择一个生活中的现象，每天花几分钟时间来观察。观察该现象中变化的部分、不变的部分以及变化最大的部分，并将观察结果记录下来。
- 针对该现象中变化最大的部分和不变的部分进行讨论，问问孩子其中哪些情况符合自己的期待，又有哪些是意料之外的。

观察存在于身边但以前从来不知道的或是不感兴趣的事物，结合最新了解到的信息进行讨论。父母可以向孩子了解他对哪些东西不是很看重，再让孩子思考自己不看重的东西有可能会被哪些人看重。让孩子设想如果换成其他人进行观察，答案又会有什么不同。如果能做到这样的联想，孩子会敏锐地感知到日常生活和大自然中每一点细微的变化，进而有可能成长为创意英才。

练习提问的方法

父母不要训练孩子背诵题目的正确答案，而要让孩子通过独立思考提出问题。首先，引导孩子对已经知道和了解的东西进行再次提问。即使孩子提出了令父母意外的、奇怪的或是滑稽的问题，父母都不要认为这是无用的，试着称赞他"这个问题从这个角度去思考真是很特别呢"。

当父母对孩子提出的每个问题都能够给予关注时,孩子的兴趣就会越来越浓烈,并且知道父母对于自己提出的问题和好奇心十分重视。

父母要引导孩子争取每天都提出诸如"这是怎么回事?""怎么做才不会这样呢?""那么,怎样做才行呢?"之类的问题,并且在和孩子一起寻找答案的过程中,引出与之相关的新问题。

如果有人双手叉腰大发雷霆,我们可以分析他是出于什么样的想法、动机而发火。试着在这个例子中,分析发火和默默忍受这两种处理方式的优点,想想怎样做才能将这两种优点结合起来。这样做有助于孩子学会将某个事件、某种情况和某方面经验相互联系起来,最终得出综合性的结论。如果想引导孩子提出后续问题,不要问他"为什么觉得那个想法不行?""你为什么要那样做呢?"等带有追究和责怪意味的问题,而要向他提出类似"除此之外还有什么好办法呢?"这样需要发挥想象力来回答的问题。

如果孩子提出难题,父母应当称赞其了不起,而不应无视孩子提出的问题,对孩子大发雷霆,或是将孩子提出的问题转移到其他话题上等。当孩子提出一个难以解答的问题时,父母最好能够按照下列顺序应对。

第一,了解孩子在想什么,以及提出这个问题的原因。然后,通过下列补充问题,引导孩子提出更深层次的疑问。

- 为什么提出这个问题呢?
- 这个问题是什么意思,为什么你认为它很重要?
- 关于这个问题你是怎么想的?
- 你的顾虑是什么?

第二,和孩子一起寻找答案,或是教给他寻找答案的方法。可以告诉他"妈妈也不太清楚呢,我们一起来寻找答案吧"。比起答案本身,对待问题的态度更加重要。但是,如果孩子已经是高年级的学生,让他独立自主地完成探究会更好。

第三,即便围绕问题展开的争论看起来散漫且混乱,也不要让孩子拘泥于形式,要允许他自由地表达。

第四,去图书馆或上网,和孩子一起寻找比孩子的知识水平稍高一些的学习资料。

第五,不要直接选择一个简单的答案,而要找到一个正确的、详细的答案。

第六,为了尽可能地使孩子迸发出更多思想的火花,请向孩子提出如下问题。

- 你在这件事中感受到了什么?
- 这种事是如何发生的?
- 如果……,它又会变成怎样呢?

第七，关注孩子解决问题的过程，询问孩子由他自己发现的结论跟正确结论的异同点。

第八，孩子寻找答案的过程中，如果遭遇了挫折或失败，要鼓励孩子寻找原因。

通过读书进行思考、表达和想象

好奇心一旦得到满足，孩子便会产生更多的好奇。读书是最能满足孩子好奇心的方式，它应当成为亲子活动中最有趣的一种。

读书，特别是在阅读小说时，脑海中会出现故事场景，这对想象力的开发非常有帮助。此外，书籍不会用绚丽的画面吸引孩子的视线，这有利于孩子专注于内容本身。让孩子养成每天至少阅读30分钟的习惯吧。首先，孩子要对书籍产生兴趣。不要让读书成为孩子的负担，更不要把读书变成一项强制任务，而要让孩子愉快地参与。父母可以常常带孩子到图书馆去，跟他们谈谈书籍能够带给人很多愉悦，又是如何激发人的想象力的。

父母最好能够声情并茂地为孩子阅读故事书，或是把读到的趣味横生的故事、轻松愉快的段落以及充满奇思妙想的情节讲述给孩子听。告诉孩子，在学校里学到的知识并不是全部，通过阅读才能进一步积累和发展专业知识、技术和经验。

- 父母可以给孩子分享学习带来的乐趣。

- 向孩子强调学习或职业上的成功不是人生的终极目标,坚持学习这件事本身才是最重要的。
- 对于孩子理解起来稍微有点难度的书籍,父母要定期给孩子阅读。
- 无论年龄大小,都可以让孩子试着给其他人读书。

每周选择一本适合孩子阅读的图书,在家里举办读书活动也是一个好办法。我非常推荐和孩子一起读诗并分享读后感。

首先挑选出符合孩子理解水平的诗。诗的长度至少为十行,篇幅最多不超过两页。把选好的诗写在一张大纸上,张贴在孩子容易看到的地方,并使用丰富多样的物品来表现诗句所蕴含的意象。假设有这样一句诗——"暗蓝色的大海涌向洒满月光的大地",则可以给孩子展示一个倒入了蓝莓果汁的白色纸盘。孩子欣赏完整首诗后可以写下几句感想,也可以写下能够表达自己所感所想的歌曲的名称。这样的活动可以培养孩子的表达能力,当孩子的灵感涌现时,他还可以通过画画、写文章或演奏乐器等方式表达自我。

和孩子一起去图书馆或书店,挑选一本故事感人的书,一本充满奇特想法的书,或是一本展示意想不到的用途、功能的书。父母不要把自己读过的内容简单地概括给孩子,而是要告诉孩子在这本书中可以学到什么,或是为什么喜欢这本书,以此来调动孩子对内容的好奇和兴趣。让孩子多看关于大自然变化的书，比如种子如何开花结果，或是昆虫如何长大等，有助于培养孩子对世界的好奇心。

如果孩子能够关掉所有的电子设备，坚持阅读，就能够拓宽视野并加深对事物的理解。这里的阅读并不是让孩子不加思考地去浏览那些来自杂志、网络的毫无营养的文字，而是有思考的深度阅读。

当孩子高度专注，不被任何东西干扰，集中精力埋头于书本，提出更深层次的问题时，他便能够获得强大的精神力量。

使用"显微镜"和"望远镜"

让孩子像使用显微镜一样仔细地观察某个问题。告诉他对于任何问题都不要只看表面，要通过深挖相关情况、脉络和历史来彻底地理解它。然后，要像使用望远镜那样，用远观的视角看问题。像这样先观察局部再展望全局的方法，往往能够找出隐藏在事物背后的根本性问题，从而帮助孩子掌握复杂的情况。告诉孩子，无论面对什么事情，都要学会多角度看待，然后让不同的看法在脑海中尽情地碰撞。

- 让孩子学习预览、浏览、回顾，通过正看、仰望、俯瞰、侧看或是向内窥视等多种角度观察事物。

·在做某事时，分别做好面对最佳结果、实际结果和最坏结果的方案。

·像夏洛克·福尔摩斯或蜘蛛侠那样思考和提问。

从其他人身上获取新奇感

当孩子和某人初次见面时，可以让他向对方提出问题并认真地倾听答案。让孩子想一想"这个人和我哪里不一样呢？""我可以从这个人身上学到些什么呢？""如果想取长补短，我可以通过什么样的方式呢？"等问题。

父母要鼓励孩子与好奇心强和热情的人多接触。让孩子和不同生活背景的同龄人在一起玩耍，或是和跟自己完全不同的外国人组队协作都可以。若想让孩子接触不同的观点和见解，学习别人的长处和优点，父母要创造让孩子跟不同的人接触、认识的机会。

提前认识生活

孩子在成长的过程中会自然而然地遇到各种问题，父母可以和孩子聊一聊关于生活的方方面面，给予孩子衷心的建议，并帮助孩子找出问题的解决之法。在跟孩子谈话时用词要委婉，避免"绝对""总是""全都""一定""无论是谁"等极端的用词，也要避免非黑即白、非善即恶这种两分法式的用词。

- 关于性：要告诉孩子身体的哪些部位绝对不能展示给其他人看或触摸，教孩子学会保护自己。

- 关于错误行为：明确告知孩子必须要对自己的行为加以约束，如果做出不正当的行为（饮酒、吸烟等），必将承担恶果和惩罚。

- 关于钱：让孩子学会分辨想要的东西和需要的东西。答应给予孩子真正需要的东西，对于那些只是想要却不必要的东西，暂时拒绝或等一段时间再说。

- 关于科学：找出科学界尚未有结论的问题，告诉孩子科学家们不会把答案视为真理，要允许不同意见和争论的存在。

- 关于父母争吵、离婚：即使争吵也不要丢掉对对方的尊重，用实际行动告诉孩子，当彼此的意见不同时，应当积极沟通化解矛盾。

- 关于死亡：告诉孩子死亡是无法避免的，因此要珍惜活着的每一刻，在一起度过的时光是最珍贵的回忆。此外，还要告诉孩子，父母对死亡的看法和其他人对死亡的看法有可能是不一样的。

- 关于被孤立：首先认可和接纳孩子的想法，与他产生共情。然后帮助孩子找到解决之策，给予他化解负面情绪的力量。父母如果有过相似的经历可以讲述给孩子听，也可以通过读书的方式给孩子讲述一些优秀的人遭遇排挤后是如何面对和处理的。

送给父母的金句

阳光环境能够给孩子展示世界光明的一面，帮助孩子勇敢无畏地走向更大的世界。

1. 倾听孩子的声音

比起向孩子提出忠告或下达指示，父母不妨多注意倾听孩子想要表达的内容。比如，不要只是给孩子"要跟朋友处好关系"这种笼统的建议，而要仔细问一问孩子和朋友之间到底说了些什么，发生了哪些事，然后听听孩子当时是什么样的想法和感觉。

2. 千万不要拿孩子和他人比较

孩子真正需要的不是和别人比，而是自己和自己比。

3. 给孩子寻找榜样或是为他阅读名人传记

通过读书为孩子介绍成功的名人，同时要为孩子提供机会，让他自己去寻找想要模仿和成为的榜样。然后，激励孩子像他的榜样那样胸怀远大梦想，远眺未来。

4.收集孩子提出的问题

鼓励孩子随时随地提问,并把孩子的问题写在诸如白板之类的固定地方。父母要给孩子展示出一种态度——自己非常重视孩子提出的问题和好奇心。

5.通过练习帮助孩子获得幽默感

幽默并不是单纯地开玩笑或是让别人觉得有趣,而是指拥有不惧怕失败的乐观心态。可以收集一些自己做过的傻事、引人发笑的语句和名人的奇闻逸事等,在聊天中作为素材灵活使用。

6.帮助孩子找到真正的兴趣

热情不是某天突然自己找上门来的东西。首先得有兴趣,有了兴趣才可以点燃热情。孩子要时常寻找一些"内心真正想要的东西"。和孩子聊聊,如果不考虑财富和名誉,最想成为什么样的人。

2
疾风

全世界著名的篮球运动员迈克尔·乔丹这样说过:
"在我的职业生涯中,有超过9000次投篮没有命中。
输掉了超过300场比赛。
有26次,人们相信我会投出决胜的一球,但是我没有。
我这一生总是不断地经历失败,
但这正是我成功的原因。"

让孩子变得坚强的疾风环境

苹果树必须在疾风的历练中长出结实的树干,在秋天有足够的力量来承载累累硕果。孩子也只有在小时候经历过大大小小的磨砺,才能够具备经受更大考验的能力。

农民的心愿就是希望苹果树结出好果实。为了果树能茁壮生长,不生病害,他们给果树剪枝、进行虫害防治。父母也应当帮助孩子提高对于失败的免疫力,使孩子向着自己的既定目标不断前进。

疾风环境能够为孩子提供历练的机会,使孩子锻炼出即使失败也能勇敢站起来的抗压能力。在疾风环境中,孩子能够培养出8项特质:为了实现目标而不懈努力的目标意识;能够时时处处一丝不苟地对待问题并坚持到底的精神;能够准确把握自身优劣势,克服困难的自我效能感;不依附于他人,能够自己判断并采取行动的独立意识；即使经受考验和失败的煎熬也不倒下，而是像不倒翁一样一次次重新站起来的不屈的意志；不贪图安逸，敢于挑战的风险承受能力；即使没有眼前的利益，也愿意为了长期的目标执着钻研的坚韧的意志力；以及愿意拥抱不确定性的能力。

  我将通过接下来的内容介绍父母该如何为孩子营造疾风环境。

目标意识

目标明确的孩子会越来越具专业性

农民通过修剪枝叶来帮助苹果树端正地生长。早早地对果树进行修剪,比果树长歪了之后再进行纠正,效果要好得多。但是,如果修剪的枝叶过多,反而会抑制果树的生长。同样地,父母如果总是对孩子进行严厉的批评教育,或给孩子制定过多的规则,势必会影响孩子独立性的养成。

父母对孩子的管教大致分为四种:控制孩子行为或对孩子过多强调规则的高压式管教;规则很少,能接纳孩子过分行为的容忍式管教;纵容孩子的放纵式管教;以及给孩子指出大方向,让孩子自己去摸索的逻辑式管教。

高压式管教的家长经常给孩子下达命令。在孩子通往目标的路上,父母直接告诉他什么时候该左转,什么时候该右转。这样的父母指示着孩子前进的每一步,干涉着孩子每一个细小的举动。

这种家庭中的孩子要被迫接受很多规则，并且这种权威式的规则会随着父母的心情改变。他们常说"我这样做都是为了孩子"，但孩子从父母的言行中感受不到"爱"。

在高压式管教下长大的孩子会对别人言听计从，很会看眼色，乍看上去似乎教育得很好，但这样的孩子就像一盆无法结出果实的盆栽。成为盆栽的孩子，很难培养出独立性、风险承受能力和自我主导能力。

容忍式管教是指父母无法像指南针一样为孩子指出正确的方向，孩子被"随心所欲"牵着鼻子走，从而迷失在教育之路上。采取容忍式管教的父母几乎不会为孩子制定规则，因此孩子不知道自己必须做什么，不能做什么。在这种方式下，父母和孩子之间看似形成了平等的关系，但实际上这是一种牺牲式的关系，把满足孩子的一切愿望视为父母的义务。采用容忍式管教的父母会把孩子放在第一位，这类父母会给予孩子无限的爱，认为"我要让我的孩子享受到我不曾拥有过的东西和未曾感受过的体验"。

但是，这样做相当于父母放弃了给孩子指示正确道路的权威。在这样的管教方式中，孩子无法清晰地知晓父母的期待或是自己的目标，会浪费掉自己的潜力。

放纵式管教是指不给孩子制定必须遵守的规则，也不约束孩子的行为。在这种教育方式中成长的孩子会丧失生活的方向感。这种管教可以视为既不通过语言，也不通过行动对孩子表达爱的懒惰式的教育。

采取放纵式管教的父母会用"爱玩是孩子的天性"这样的说辞将自己的懒惰行为合理化。在如此环境中长大的孩子，无法对父母产生依恋，会消极地看待世界，同时渴望从其他人身上得到父母未曾给予的关爱。这样的孩子宛如一棵被扔在大森林里置之不理的苹果树。在这样的环境中生长的苹果树，无法结出好的果实，只能留下被虫子啃过的果子。

最后是逻辑式管教，它既不像高压式管教那样，通过制定诸多规则来干涉孩子的一举一动，也不像容忍式管教那样对孩子几乎不加引导，让父母被孩子牵着走，更不像放纵式管教那样放弃对孩子进行应有的教育。

逻辑式教育是事先为孩子要做的事定下大的原则，然后由父母向孩子从逻辑的角度说明这个原则，孩子在充分理解后遵循。在逻辑式教育中，孩子和父母在平等的关系中相互沟通。采取逻辑式教育的父母，能够给予孩子温暖的关爱，会给孩子指明只要努力就能到达目标的方向，进而培养孩子能独立自主地制定和实施计划的"目标意识"。

大部分父母在处理孩子的问题时，会感性大于理性。因此，父母们会感到用逻辑对孩子说明某件事有困难。不妨跟着下面的步骤来做，掌握"逻辑式管教"的方法。

尽早将父母的期待告知给孩子

在孩子的成长过程中，必要的价值观和人身安全原则最好在孩子小的时候就明确地告知他。告诉孩子哪些行为是禁止的，并向他说明这些原则将会如何保护他的安全。不知道底线在哪里的孩子，就像一辆没有刹车却走在下坡路上的自行车。如果孩子不知道什么是危险的，什么是错误的，就会变得唯我独尊。那么，当他日后面临真正的危险，或是想改正已犯下的错误时，恐怕为时已晚。

父母对孩子的期待在孩子成年之后依然会对他产生影响。因此，在孩子还没有做出错误的行为之前，父母最好尽早将对他的期待告诉他。比如，父母可以告诉孩子为什么撒谎是不可取的，为什么讲真话是重要的，让孩子知道父母希望他成为一个诚实的孩子。

当孩子讲出真话或做出符合父母期待的行为时应给予表扬，这可以帮助孩子建立目标意识，激励他为了不负众望而不懈努力。表扬孩子时，请充分运用口头语言和肢体语言表达自己对他的爱。对有些父母来说，这样做在刚开始时会有些困难，但只要坚持做下去，就会习以为常。这一过程中同样重要的是，父母也应当为自己树立高期待值，激励自己不断努力成为更好的人。为了达到这个目标，父母最好能和孩子一起养成记日记的习惯：把当天做过的事情仔细地记录下来，找出其中没有达到预期的部分或是可以改善的部分。还要给孩子制定一个长期的目标,并为他讲述一些成功人士的故事。这类故事能够刺激孩子不断朝着目标前进。

树立个人目标

培养目标意识的第一步,就是让孩子在深思熟虑之后,想清楚自己想做什么,想成为什么样的人,以及到底想要什么。然后根据思考结果,为孩子树立个人目标。树立这个目标并不是为了满足大多数人的期待,也不是为了得到其他人的认可,而是为了在自己感兴趣的领域内取得成就。父母不要敷衍地给出"尽全力去做吧"这样含糊笼统的建议,而是与他一起检验每一步的成果。

首先,让孩子画出自己未来的样子,每天看一看。还可以制作"待办事项记录本",把在实现目标过程中需要完成的、哪怕是十分琐碎的小事像写日记一样记录下来。把阻碍目标实现的"绊脚石"写在便利贴上,然后贴在墙上。当想出解决问题的对策时,就替换掉原先的便利贴。此外,刻意设定一些门槛,或是制定一些条件,然后主动去跨越、克服它们。比如,利用回收材料在24小时内制作出一种新物品,使用特定的颜色来画画等。

当孩子完成自己制定的计划时,父母要告诉孩子自己是多么地为他感到骄傲,并允许孩子获得一样自己喜欢的东西作为奖赏。在孩子得到了充分的赞扬和褒奖后,父母可以和孩子聊一聊,接下来要怎么做才能距离目标更进一步。

我们每个人的时间都是有限的，但为了实现目标，要做的事情有很多，我们一定要合理安排事情的先后顺序。当然，重要的事情上需要花费最多的时间。相反，不重要的事可以放在专注力相对较弱的时间段来做，或是放在指定日期来做。孩子一旦拥有清晰的目标，在实现目标之前就会摒弃杂念，意识到哪些事情费时费力但其实并不重要，哪些事情看起来不耗时间但对于实现目标十分重要。让孩子根据事情的重要程度进行优先级排序吧。把今天、下周、本月中要做的事写在白板或月历上，可以直观地查看与目标的距离。此时，父母要明确地告诉孩子为了完成目标还需要付出多少努力，还需要多长时间。如此一来，孩子就会屏蔽掉"我能做到吗"这样的自我怀疑，获得自信，坚信"我一定能够做到的"。

如果每天被学业追赶，孩子会很容易忘记目标。因此，要设置一些能够反复看到或听到的东西来提醒孩子记起目标。此外，让孩子把自己的目标告诉别人，会让孩子产生责任感。如此反复提醒，直到孩子感觉到目标是自己身体的一部分。这样一来，即使不刻意提醒孩子目标的存在，孩子也会自然而然地向着目标不断靠近。

营造井然有序的环境，不要妨碍孩子

有目标意识的孩子，不惧其他人的眼色，可以为了自己而活，追求自己喜欢的东西。若想让孩子全力以赴地奔向目标，父母需要

为他营造一个有利于实现目标的环境。一个安稳而有序的环境让孩子无论做什么事都能高效地进行。

　　孩子最好能够早早起床，为一天的开始做好准备。此外，让孩子制作一个整理物品的箱子，并贴上自己的名字。把经常使用的物品放在身边，把教具或教材等物品整理好放进箱子里。把试卷等纸张收集整理到一起，或是保管在贴有标签的文件夹中。告诉孩子，最好集中精神做一件事，等手头的事做完，把周围的物品整理好之后再进行下一件事。这里有一个需要各位家长注意的地方：在孩子埋头研究期间，无论周围多么杂乱无章，家长也不要立刻去干涉整理，请让他充分去享受专心致志带来的幸福感。

坚持到底的精神

能够坚持到底的孩子会有好运

美国医学家乔纳斯·索尔克（Jonas Salk）在读幼儿园时就对病毒非常感兴趣，进入医科大学之前，他一直专注于病毒的研究。他把自己关在研究所里十几年埋头学习。最终，他成为一位病毒学专家，并研制出脊髓灰质炎疫苗。作为一个对病毒有着深入研究和了解的人，索尔克的成功绝非偶然。

英国微生物学家亚历山大·弗莱明（Alexander Fleming）坚持研究细菌20年，因此，当他偶然在有脏细菌的盘子中发现青霉素时，能够分辨出它真正的价值。

法国人巴泰勒米·蒂莫尼耶（Barthelemy Thimonnier）数十年如一日地从事裁缝工作，同时也在不断地研究如何改良缝纫机。有一次，他做梦梦到了一种特殊的箭头，这使他迸发了灵感，即在缝纫针的一头穿孔，然后把线穿进去。于是，他改良出了世界上第一台商品缝纫机,使服装的大量生产成为可能。

有一个叫作"一万小时法则"的理论,说的是要想在自己的兴趣领域里成为专家,大约需要一万小时的练习时间或十年左右的深度学习。创新者并不是靠运气取得成功,而是凭借着"坚持到底的精神"给自己创造了好运。父母们要相信,没有我们的孩子办不到的事。从今天起,就把"一万小时法则"作为礼物送给孩子吧。

如果说前面提到的"目标意识"能够帮助孩子树立一个大目标,那么本章中介绍的"坚持到底的精神"将帮助孩子抓住好运。能够坚持到底的孩子,就已经在为未来可能出现的机会做准备,并在机会来临时,毫不犹豫地抓住它。

养成做事认真彻底的习惯

好的结果通常源于好的习惯。因此,即使需要多花费时间,也有必要养成做事认真、彻底的习惯。想要具备坚持到底的精神,对孩子的要求应是尽"最大努力",而不是必须做到"最好"。如此一来,孩子能通过对比现在完成的课题和曾经完成的课题的差异,总结出经验,以取得更好的成果。

孩子可能会因为得到的结果与以前差不多,甚至不如以前而认为自己无法超越定下的目标。这个时候,父母可以鼓励孩子:"做到这一步已经非常棒了!如果下次再努力一点点就能实现目标了。如果现在一下子完成了，那之后还有什么好做的呢？"如果孩子这一次的课题做得十分敷衍，不要听他的辩解，鼓励他重新做一次。

如果能够花费大量时间把课题彻头彻尾做好，孩子就会清楚地知道其中哪个部分做得好，也能够感受到扎实地掌握知识是一件多么充实的事情。告诉孩子长期以来坚持积累专业知识的人都取得了了不起的成就。想要培养出孩子坚持到底的精神，最好先让他养成下面这些习惯。

· 让孩子选择一件可以倾注全部热情去做的事，然后坚持去做。

· 做任何事都不要敷衍了事，也不要为自己的敷衍了事找理由辩解。

· 做事情时不能总想着要快点儿做完，寻找捷径。

· 不要过度关注考试分数，要多多积累能够活用于日常生活中的知识和技术。

教育要持之以恒

在现如今繁忙的社会中，有大量的时间可以花在孩子身上的父母并不多。即使无法挤出大量时间，父母也要找到能够长期坚持的教育方法。比起突发奇想地花5分钟教育一下孩子，不如每天抽出至少10分钟时间来教导孩子，这对开发孩子的潜力是很有效的。在这样持之以恒的教育中，孩子能够看到父母的决心，即使自己做事的速度不够快，也能够领悟到坚持不懈的奥义。

在开发孩子创造力的过程中，父母的一贯性尤为重要。如果因为孩子使性子而改变制定好的规则，反而会令孩子困惑。孩子在幼小的时候通常会视父母为最厉害的人，如果随意地改变规则会让孩子认为"爸爸/妈妈也不是什么厉害的人呀"。如果孩子是和祖父母一起生活的，则要更加注意教育的一贯性。因为妈妈不允许孩子做的事情，爷爷奶奶却允许做的情况很常见。请坚定地告诉爷爷奶奶，教育上要尊重妈妈的意见，和妈妈站在同一战线上。此外，妈妈也要尊重爷爷奶奶，让孩子认可和尊重爷爷奶奶的权威。

那么，教育孩子要选在哪个时机呢？答案是在孩子犯错误的"当时"来进行。"等客人走了再说。""等爸爸回来再说。""等回家咱们再说。"如果像这样事后再进行教育，孩子甚至会连自己为什么被批评都搞不清楚。并且当孩子犯下相同错误时，有时给予严厉的惩罚，有时又睁一只眼闭一只眼是绝对不行的。这样，孩子不会真正反省自己错误的行为，反而会质疑父母情绪化。这种想法会激起孩子的叛逆心。此外，如果一次性指出孩子的多个错误，孩子会把自己视为只会做坏事的小孩。所以，在批评孩子时，一次只针对一个错误行为就可以了。

要进行逻辑式管教，必须严肃地告诉孩子他做错了什么，怎么做错的，以及为什么做错了。当孩子反复犯下相同的错误时，最好能态度坚定地批评，但绝对不要体罚。父母要用失望或难过等精神上的情绪去表达失望。

成为创意英才没有捷径可走，但有一条路肯定可以到达目标。那就是父母和孩子一起制定严格的计划，并坚持不懈地走下去。

自我效能感

培养孩子真正的自信

当自己树立的目标经过努力最终达成时,无论是谁都会收获巨大的愉悦感。11岁的智敏在小时候阅读了名人奥黛丽·赫本的传记,从此梦想着将来能和赫本一样成为联合国儿童基金会的大使。智敏的妈妈通过查找相关资料,告诉智敏联合国儿童基金会的工作是什么,并告诉她要想走遍全世界去做志愿活动,英语是必备的技能。

于是,智敏产生了学习英语的动力,她开始努力地学英语,还参加了英语演讲比赛并获奖,取得了"小小的成就"。智敏是个有点内向的孩子,通过登上舞台并获奖这段经历,她不仅对英语学习产生了更大的兴趣,还获得了"我可以做到"的自信。

所谓自我效能感,是指对自身能否利用所拥有的知识和技术去完成某项任务的自信程度。自我效能感不是毫无根据的自信,既不是"我真的是很重要的人"这样的自大,也不是"我真的太聪明了"这样的盲目自信。它是对自己所学知识的灵活运用和掌控,是"创造力开发"的核心。

从小事中也能获取经验的孩子,会不断地凭借着一个个成功的经验积累自信,然后带着自信向下一个目标继续努力。从未品尝过成功喜悦的孩子,在解题之前就会想要放弃。这样的孩子在做事情时通常会感受不到意义,会产生"我为什么要做这个呢?""这不是在浪费时间吗?有这时间我都能看一部漫画电影了"这样的消极想法。

所有的妈妈都希望孩子能够自主学习。然而,自主学习的"动力"只有在孩子感受到小小的成就感,并且自我效能感获得提高时才会产生。跟着下面的内容做,帮助孩子提高自我效能感吧。

表扬做事过程而不是结果

当孩子完成某项任务时,比起评价结果,父母要具体地称赞孩子在整个过程中展现出的坚韧、专注等品质,以及孩子使用到的方法和付出的努力等。告诉孩子自己最喜欢他做的哪个部分,以及为什么喜欢。当孩子得到对某件事情具体的评价和建议时,他就会明白这件事情成败的关键在于自己的行动,便会倾注更多的努力。

如果父母只针对孩子的考试分数或行动的结果发表意见,孩子就会感觉自己"像困在黑暗的箱子里",无法从在意结果的情绪中走出来,并且认为自己没有能力取得好的结果,从而过早地放弃。

对孩子说"做得好"时,不要只对结果表示肯定,要多表扬孩子付出的努力。比如,"在细节的地方也费了很多心思啊"或"连这个部分也努力做得很好呢"。此外,不要只对孩子说"尽力而为""要懂事啊"或只是夸奖他聪明,而要说出明确而具体的夸奖或建议,如"在这次实践评价中你负责收集整理组员们的意见,我发现你是一个很有领导能力的人啊。""如果你能够先主动问问组员们有没有困难,他们就都能跟上了!"如果一定要批评孩子,仅限于孩子撒谎和伤害到他人的情况。而且,要注意不要批评孩子本身,要针对具体的事件发表意见。

此外,在对孩子做事的结果进行评价时不要当着其他人的面,最好能通过角色扮演之类的游戏,在轻松的气氛中进行。还可以使用具体的事例、图表、影像等对孩子提出更有建设性的意见或评价。

当孩子听取别人的意见,尝试使用新方法时,要鼓励他大胆地开始,不要怀疑自己。想要实现这个目的,就要帮助孩子积累丰富的经验。在孩子自身的经历丰富之后,他会明白自己擅长做什么,在什么领域中会发光,并由此为自己感到自豪。

让孩子想一想自己至今为止做得很好的事或是让自己骄傲的事,将其用于开发自己的创造力。让孩子向自己提出以下问题,并坚持每个月至少表扬自己一次，并且把表扬的内容记录下来。当孩子在实现目标的过程中意志减弱时，可以拿出来阅读。

- 在此前克服困难的经历中，有哪些让你印象深刻的东西？
- 在做什么事情时，你往前进了一步呢？
- 你对什么事情采取了批判性的态度呢？
- 让你埋头去做，坚持到底的事情是什么呢？

拒绝没有原因的有害赞扬

近来，随着采取容忍式管教的父母增多，孩子的自满情绪逐渐高涨。比如，在某个比赛中，主办方会以鼓励的名义给水平一般或仅仅是报名参赛的孩子也颁发奖状或奖杯。不可否认，这的确会让孩子的心情在短时间内非常愉快。但孩子也会本能地知道这不是因为自己做得好而得到的奖赏。当孩子习惯于这种不用付出努力就能得到的奖励，即使当他日后有了目标，也感受不到努力的必要性。此外，这种一次性的奖励会让孩子无法得知自己得奖的真正原因，也很难学到自己擅长的领域中正确的知识。

因此，父母不要在没有具体原因的情况下随便称赞孩子，也不要在过于简单或不需要付出努力的任务上表扬孩子。但当父母了解到孩子为了一项任务付出了多么大的努力时，一定要毫不吝惜自己的赞扬。

在表扬孩子之前，也要思考一下孩子会有什么反应和表扬后可能产生的效果。比如，比起外向型的孩子，内向型的孩子需要多一点肯定。而对内向型孩子来说，在表扬之前最好能够先表达对他的关爱。如果孩子有完美主义倾向，夸赞他的时机要有所改变。当孩子对自己做的事情感到满意时，要尽量地夸奖他。如果孩子对自己不满意却受到妈妈的夸奖，他会认为"妈妈只是在说些客套话安慰我"。另外，当孩子主动提出自己可以做得更好时，要鼓励并坚定他的信念，告诉他："你还想做得更棒吗？真了不起！"除此之外，父母还可以试试用下面四种方式表达对孩子的肯定。

第一，用微笑、拥抱、抚摸等身体语言来表达。第二，不要为了避免孩子产生不满或为了与孩子和解而表扬孩子。教训孩子之后，怀着抱歉的心情去表扬孩子是不值得提倡的做法。为了控制孩子的行为而进行的表扬也是不可取的。第三，当孩子完成的任务超出预期时，请把孩子的成果或作品摆在孩子容易看到的地方，展示出来并夸奖孩子。第四，当孩子在某一个课题中怎么都做不好的时候，要给予他具体的指导意见，告诉他到底哪里没做好。

专注于积极的行动和情绪

一些父母对于孩子做得好的事吝啬夸奖，却在孩子考到低分数或犯错误的时候立刻大声指责。这样做会让孩子认为"原来我做什么都做不好啊"。父母只对孩子负面的行为做出反应的话，孩子会认为自己很差。

当孩子做出正面行为时，父母如果能够具体地向他表达关心和夸奖，孩子就会更加明确地知道自己应该怎么做。此外，受到表扬的孩子会认为自己是一个很不错的人。如果想让孩子成长为一个积极正面的人，那么不仅仅要关注他的学业，更要多关心他的社交活动和心理情绪。

如果孩子犯了很小的错误或是第一次犯某种错误，要和声细语地教导他。因为如果第一次做错某事就遭到厉声斥责，孩子会生出逆反心理。并且要纠正孩子的错误行为不能只是口头告诉他不要这样做，还要告诉他今后应该怎样做才是对的。

父母的称赞和及时的反馈会培养出孩子有底气的自尊自信。父母要成为支撑孩子的坚实又柔软的靠背，帮助孩子不为遭到批评而沮丧，也不为得到称赞而忘形，以大方包容的态度去接纳不同的声音。让孩子明白，责难自己的人会消失，支持自己的人也有可能会随时掉头。

独立意识

培养孩子独立性的方法

疾风环境在培养孩子独立性方面具有重要的作用。如果妈妈经常对孩子说"你不是做不好这个嘛,妈妈来帮你"这样的话,孩子会一直依赖妈妈,即使在小事上也会焦虑不安地请求妈妈的帮助:"这不是妈妈做的事吗?妈妈你得帮帮我啊……"

有的父母只会给孩子提供温室般温暖舒适的环境。比如,他们会帮助孩子完成作业或测评,甚至替孩子从头到尾全部做完。他们的孩子不仅不能成为能够独立解决问题的创意英才,反而会成长为无法摆脱母亲怀抱的小孩。

在孩子长大成人的一路上,父母不要一直抱着孩子,哪怕多花一点时间,也要让孩子学会自己走路。小的行李让孩子自己拿,孩子的书包也要他自己来背。这样做会让孩子明白,无论什么事,只要肯付出一点努力,就可以靠自己的力量做到。

有的父母嘴上说要培养孩子的独立性，却在孩子做事时一直在旁边盯着看。这样会令孩子感到有压力和不解："为什么妈妈让我自己做，却又是一副不信任我的样子。"想要培养孩子的"独立意识"，父母们首先要做一个独立的人。要让孩子知道，父母首先在为自己而活，并为自己创造美好的未来。看到父母展现出这种姿态，孩子也会学到如何做自己生活的主人。

对父母来说，孩子长大后离开自己，多少都会感到空虚。以孩子为中心的父母把自己的人生全寄托在孩子身上。当日后和孩子的关系出现裂缝时，他会感到深深的背叛，怒称："我为了你牺牲了我的人生，你怎么能……"如果父母自愿决定为孩子而活，就不要向子女索取回报。如果做不到，那就从现在开始尊重孩子。

父母和孩子的关系应当像生产上的"交换关系"。换句话说，就是可以开诚布公地询问父母能给孩子什么，孩子又能给父母什么。

特别是在韩国，有相当一部分父母无条件地听从孩子的话，某个东西不管孩子想不想要，都要以"其他孩子都有"为由，强行买给孩子。然而，在什么都不缺的环境中长大的孩子，很难产生感恩之心，也很少会产生主动想做某事的意愿。不仅如此，他们还很难享受做某件事，很多事情他们提不起兴趣，感受不到愉悦。因为在应有尽有的环境中，孩子很难感受到由"缺乏"导致的迫切和渴望。

所以，要想把孩子培养成为富有创造力的人才，有时有必要让孩子体验缺失感。孩子只有经历过缺乏，才能对细小之事也心怀感恩。当缺失感被充分填补时，孩子也会感受到真实的幸福。这样做有助于培养孩子的独立意识。怎样做才能培养出孩子的独立意识呢？不妨和孩子一起想想并努力实践吧。

给孩子发言权，培养孩子的责任感

想要培养孩子的独立意识，必须让孩子学会独立思考，不被他人左右，并明确地发表自己的意见。当孩子有需求时，要让他明确地提出来，不要含混不清地表达，或是等着别人主动来满足。比如，在餐厅吃饭时，让孩子尝试自己向服务员要水。

试着用真诚而有逻辑性的对话给予孩子发言权。当父母用温柔平和的语气询问孩子"你的意见如何""你是怎么想的"时，孩子会在表明自己想法的过程中，把思维梳理清楚，也会对自己说的话产生责任感。

如果孩子反对大人的意见，不要急着斥责他，先认真倾听，然后耐心地向孩子解释父母这样做的原因。由此，孩子就会认为父母是愿意倾听自己意见的人，在别人面前说不出口的话也可以在父母这里毫无保留地表达。这样做可以让孩子不惧怕大人，而认为"大人是支持我的梦想的人"。

家是孩子可以畅所欲言的地方，最好能在家里和孩子一起讨论一些重要的问题。同时也分给孩子一些任务，让他担起责任。

比如，"星期天把鞋柜整理一下""负责接一下家里的电话""把玩具整理一下"，等等。刚开始先给孩子一些日常的或是短时间内就可以完成的任务，再渐渐给他增加一些需要做出决定或者要花较长时间完成的任务。孩子通过表达自我意愿而获得的责任感，会成为他未来能够独自克服困难的力量之源。

让孩子独立选择

跟孩子说话时，尽量避免使用权威的语气，要多使用尊重的口吻引导孩子自己做出选择。出去玩或买东西时先问问孩子的选择，孩子想吃什么也交给他自己来决定，想做的事或者想要完成的课题也要让他自己独立制定计划。做家务时可以先问问孩子"你可以帮助我做家务吗"，如果孩子愿意，继续问他"你想负责哪一部分呢"。做完别忘了向孩子表达感谢。

如果孩子想做一些有一定危险性的活动，父母要向他说明做这件事有哪些潜在危险，然后让孩子仔细思考自己能不能做。如果孩子非常想做该怎么办呢？参考下列做法，给孩子一个机会。

- *如果真的存在危险，父母要明确地给予孩子警告，让孩子提高警惕性。*
- *父母不能由于自己主观认为某些游戏危险，就武断地拒绝孩子"不可以"或是"说了不行就是不行"，而是要鼓励孩子大胆*

地尝试,告诉他"也许会受伤,但你要不要试一试"。

孩子独立参加的活动多了,就能够更加轻松地在做课题、测评、学习、家务劳动或志愿活动中发挥出自己的优势。我在文中介绍的培养孩子独立意识的方法都是父母能够做到的。通过这些方法,我们最终想让孩子思考的是"我能够为我自己做些什么"和"我可以独自完成哪些事"这两个问题。

不屈的意志

使孩子战胜挫折的方法

世界著名的篮球运动员迈克尔·乔丹（Michael Jordan）曾这样说："在我的职业生涯中，有超过9000次投篮没有命中。输掉了超过300场比赛。有26次人们相信我会投出决胜的一球，但是我没有。我这一生总是不断地经历失败，但这正是我成功的原因。"

持有跟别人不同的想法或是在尝试新发明的过程中，总会伴随着风险和不确定性。在把想法变成现实的路上，我们有时需要说服那些提反对意见的人，有时要忍受他人的批评、拒绝和嘲弄。然而，孩子所受的伤不一定都会变成病痛。有的孩子可以像不倒翁那样重新站起来，也有的因挫折一蹶不振。

孩子需要不倒翁式的精神。而使得孩子拥有这种精神的，正是"不屈的意志"。不屈的意志可以让孩子懂得苦难和逆境都是暂时的，终究会过去。

在培养不屈意志的过程中，孩子难免要承受压力，父母应该主动帮助孩子纾解压力。父母可以跟孩子分享自己经历过的挫折和失败，或者让孩子在画画、读书或欣赏艺术等活动中释放压力。孩子还可以写下自己梦想中的未来，以此来摆脱失败的感觉。此外，品尝美味的食物，看一场精彩的电影也是让孩子内心平静下来的好方法。

提出建设性的意见

父母要帮助孩子学会从他人的否定意见中提取对自己有帮助的部分。从孩子小时候起，父母就要告诉他具有含金量的道理。这样，孩子在听到别人尖锐的评价时，才会建设性地接纳下来，形成自己的应对之法。

如果父母打算用较长时间给孩子提建议，在谈话之前要先想清楚自己会花多少时间，希望孩子会发生哪些改变，总之一定要想好之后再进行。如果父母毫无计划地胡乱给孩子建议，孩子很可能会拒绝听从父母，甚至失去改善的意愿。

给孩子提建议时，首先要肯定孩子付出的努力或事情的进展，然后给孩子提出必要且可行的建议。只说孩子能够改变的东西，然后让孩子自己去改善。最好不要一次性给出太多的意见，先指出几个小问题，其他的留到下一次再讲。

为了避免孩子把别人的批评视为对自己的攻击，甚至与之对峙，父母要首先向孩子说明"这个批评不是针对你，而是针对你所做的事情"。如果孩子认为自己受到的批评不合理，可以让他把自己不认同的部分一条一条地写下来，并写明理由再次进行讨论，然后反馈给提出批评的人。通过这个过程，孩子可以把自己感受到的不合理作为逻辑依据，反过来证明批评者的错误。

　　孩子在面临困境和考验时，必须要和自己信任的人保持紧密的联系。孩子在努力独自解决问题的同时，最好能够把面对的困难告诉给信任的人。否则，他会认为一切都是自身原因造成的。父母还要告诉孩子，不要把情绪发泄在亲近的人身上或是喋喋不休地抱怨。

风险承受能力

使孩子勇敢承受风险的方法

威廉·珀金（William Perkin）虽然没有成功地合成奎宁①，却在实验过程中意外发现了能够使头发颜色变得鲜亮的合成染料。约翰·彭伯顿（John Pemberton）虽然开发治疗头痛药物失败了，却在实验中意外配制出了可口可乐。

斯潘塞·西尔弗（Spencer Silver）虽然在开发强力黏合剂的过程中失败了，却意外发现了一种用于一次性粘贴的特殊黏合剂，便利贴由此诞生。

马克·沙瓦纳（Marc Chavannes）和艾尔弗雷德·菲尔丁（Alfred Fielding）研发塑料墙纸失败了，他们却在此基础上发明了气泡纸。

这些发明家愿意承受失败的风险，并把失败变成了成功的契

---

①奎宁是治疗疟疾特效药。

机。他们并不是不怕失败,而是认为为了实现梦想值得冒风险。

为实现梦想而冒险

想要成为创意英才的孩子们也应当具备这种胆识。孩子那些创意性想法,不能用通常的眼光来看待,有时候会遭到他人的嘲笑或反对。此时孩子需要的正是风险承受能力。拥有风险承受能力可以帮助孩子不惧别人的嘲讽、蔑视和批评。风险承受能力还可以让孩子不满足于现状,敢于追求新的机遇和挑战。

孩子要为自己的梦想或热情冒险,而不是为了得到他人的认可而冒险。脑海中的规划人人都能做到,但是这个世界上没有仅靠思考就能够实现的计划。如果孩子只停留在安全地带,就会丧失继续前进的动力。如果昨日的决心无法在今天转化为行动,那么关于未来的想象也就只能沦为一纸空谈。机会总是留给有准备并努力付出行动的人。告诉孩子,如果不小心惹了祸,就去寻找解决问题的办法。但如果没有为梦想冒过险,那么明天只不过是和无数个昨天一样的平凡日子。

坚韧的意志力

培养孩子不轻言放弃的方法

"并不是我很聪明,我只是和问题相处得比较久一点。"

爱因斯坦曾说自己不是天才,只是一个能够比别人更坚韧地与问题作斗争的人。在创造力的养成中,拥有坚韧的意志力十分重要。想要开发创造力,需要投入大量的时间,不断付出努力。创造力的反义词不是"抄袭"也不是"模仿",而是"中途放弃"。因此,为了孩子创造力的养成,务必让孩子拥有"坚韧的意志力"。

首先让孩子在他感兴趣的事情上全身心投入。比如,去动物园时,如果孩子一直目不转睛地盯着长颈鹿,请耐心地在一旁等待,让他有足够的时间去仔细观察,而不是催促他赶紧去看其他动物。孩子的好奇心就像蜡烛的火苗,如果受到干扰立刻就会熄灭。你可以问一问孩子对长颈鹿哪里感兴趣,然后认真聆听他给出的具体答案。全情投入的体验会点燃孩子的热情。孩子从沉浸的状态中脱离出来之前，无论多久，父母都不要去干涉。

布置任务由易到难

刚开始可以给孩子一些简单的任务去做，再逐渐布置一些具有挑战性的任务，使孩子逐步获得成功。刚开始布置任务时，尽可能明确具体地给予提示，之后逐步给出框架性的指导，或是减少提示。通过这样的过程，孩子会明白原本以为做不到的事情，只要肯刻苦钻研，也能做成功。

刚开始，父母最好布置孩子喜欢的任务，然后逐渐增加一些他不是很喜欢的任务。完成任务后，可以允许孩子玩耍或休息，如果孩子能够更长时间地集中注意力，可以试着延长他做任务的时间。

日常生活中提高专注力的方法

要想培养孩子坚韧的意志力，要想孩子无论做什么事都能有很高的效率，父母最好能够通过下列方法提高孩子在日常生活中的专注力。

· 给孩子展示缺少翅膀的鸟，没有鼻子的大象或少一只腿的书桌等图片，让孩子找到图中缺失的部分。

· 让孩子寻找句子中的错误。

・培养孩子区分事物相似点和不同点的能力。比如，区分小物体和大物体，或是按照颜色或种类整理物品，等孩子完成后对他进行表扬。

・把三四张卡片按照故事情节排序。

・当孩子努力集中注意力时，要表扬他。

・如果孩子在很长时间里只玩一个玩具，可以对他说"哇！你还在玩这个啊"来称赞他很专注。

为孩子营造一个整洁清爽的环境是十分重要的。减少噪声有助于提高孩子的专注力，可以在房间挂上窗帘或是在地板上铺上地毯。如果孩子对声音很敏感，可以为他准备一副耳塞。利用推拉门或带挡板的置物架将杂物放在隐蔽的地方也很有必要。让孩子在做完作业或结束游戏后，当场把物品整理好。最好还能让孩子自己使用计时器记录一下做作业的时间，把握做作业的时长。

从整体上把握问题

培养坚韧意志力的最大目标就是使孩子抱着"我能做到"的心态去面对任何问题。不要把问题看作一棵棵独木，要把它们看成整片树林，从整体上观察。这样做有助于找出问题之间的共同点和差异点。使用"保持距离法"可以使孩子看到"树林"。帮助孩子暂且脱离"自身""当下"和"本地"，保持一定距离来观察整个问题吧。

　　所谓脱离"自身",就是想象如果事情不是发生在自己或者亲戚朋友的身上,而是发生在和自己无关的人身上,你会采用什么样的方式去解决问题。脱离"当下",则是假设同样的问题如果不是发生在现在,而是发生在5年后或更远的未来该怎么办。而脱离"本地",则需要想象某事如果不是发生在自己身边,而是发生在地球另外一边或非常遥远的地方会怎么处理。还可以想象如果自己成为伟大的英雄或富有创意的名人,该如何来解决眼前的问题。

拥抱不确定性的能力

培养敢于面对未知情况的创新者

在发挥创造力的过程中常常存在不确定性。孩子追逐梦想并不一定能够带来成功的结果。因为创造的过程不是沿着一条笔直的线向前推进的。

在瞬息万变的今天,唯一能确定的事就是每个人都要直面未来的不确定性。通常人们在面对一个有创意的点子时,会持怀疑态度。人们更愿意维持现状,而不愿接受未知的事物或面对不确定的情况。

缺乏创造力的人喜欢固定不变的东西和机械式的学习,并且只对有明确答案的问题感兴趣。他们会无条件地相信专家等权威人士,认为他们才是对的,哪怕他们的意见和自己的想法相悖也不会反驳。而创意英才与之相反。他们能接纳事物的不确定性,面对未知的情况也能做好准备。想要培养这种"拥抱不确定性的能力",父母最好让孩子沉浸在"创作"里,来缓解他对未知的不安。

史蒂夫·乔布斯曾因被亲生父母抛弃而痛苦。纳尔逊·曼德拉少年丧父,过上了远离家人的生活。爱因斯坦高中时由于父亲生意失败,一家人远赴意大利,只剩他一人在德国上学,最后中途辍学。乔治亚·奥基夫也是由于父亲生意失败而遭遇经济困难。然而,他们并没有一蹶不振,因为对于他们来说,还有读书、美术、音乐、文学、科学这样的避难所。

创意英才都对自己感兴趣的领域怀着极大的热情,他们凭着这份热情去挖掘生活的深层意义和目标,并以此为武器来克服面对不确定性的恐惧。他们通过学习、读书、写作、画画和发明等来寻求内心的安宁和成就感。对于他们来说,生活中的不确定性反而是创造的动力。他们在独自克服困难的过程中,比一般孩子进行了更深层次的思考,并且由于自身某一方面的缺失,他们对别人的缺失感同身受,最终成长为一个可以赠人玫瑰的人。

解开没有答案的问题

世界上有很多问题没有答案,也有很多问题有多个答案。告诉孩子,没有固定答案的问题意味着可以自己去寻找答案,即使是已有的答案,也会发生改变。父母可以鼓励孩子去研究暂时没有正确答案的或答案模棱两可的问题。日常生活中的问题往往有许多答案,可以让孩子去解答生活问题,让他明白没有哪一种解决方案是完美的,他也可以想出更好的答案。

父母可以和孩子交流解出复杂问题的方法,还可以让孩子针对一个问题思考出尽可能多的答案或是解决方法,也可以尝试从不同的角度分析某种情况或事件。

不要只接受固定的答案,要努力寻找现在仍然未知的答案,锻炼孩子拥抱不确定性的能力。

告诉孩子不可预测的情况会一直发生

父母要告诉孩子,人要学会适应不同的情况。如果孩子能够降低对冒险的恐惧感,那么他就能在新的环境中学到更多东西。通过参加一场全是陌生人的聚会或是进行一次旅行来告诉孩子,不可预测的情况会一直发生。

此外,还要告诉孩子有些规则不是绝对的。规则也会有例外,也会根据时间、场合等而有所变化。和孩子一起交流下面的内容吧。

- 和孩子一起找一找类似20世纪80年代的校外补习禁令这种一度被写入法律现在却已经消失的内容。讨论一下当时为什么制定这类法律,后来又为什么取消。

- 告诉孩子,世界并不总是公平公正的,也不一定是黑白分明的。试着找出一些不公平的,甚至是混淆是非的案例。

· 地心说和日心说虽然一度被信奉为真理，但事实并不是这样。和孩子再找一些类似的事例进行讨论。

把不确定变为确定

父母可以把自己小时候经历过的问题、失败或是困难告诉孩子，同时给孩子讲讲自己当时为什么感到焦虑不安，又对什么感到害怕或恐惧，让孩子理解焦虑和恐惧归根结底是因为未来具有不确定性。下面讲述了几位在不确定的环境中坚持尝试并最终获得成功的人。

华特·迪士尼（Walt Disney）曾就职于一家报社，后来报社以缺乏创意为由解雇了他。但他坚信自己是一个创意英才，并投身于"动画"这一前景未知的产业。他在经历了数次破产之后都没有放弃，终于成为世界级的动画大师。

哈兰德·桑德斯（Harland David Sanders）把自己攒到60岁的所有退休金全部投入了"连锁餐厅"这个在当时还是未知领域的产业中，并遭到了投资者上千次的拒绝。但他始终如一地坚守着自己的梦想并不断挑战，最终成功创建了肯德基（KFC）连锁餐厅。

亨利·福特（Henry Ford）创建了前所未有的"大批量生产汽车"这项产业。他屡次经历公司倒闭，却始终不放弃自己的梦想，最终成功创立了全世界第一条批量生产汽车的流水装配线。

2 疾风

　　把这些故事讲给孩子听，和孩子展开讨论，或是给孩子读一读报纸上或电视新闻里人们对争议性事件发表的不同评论，这都有助于培养孩子面对不确定性的能力。

送给父母的金句

疾风环境不仅能够使孩子树立明确的目标,胸怀远大梦想,还能够使孩子经受锻炼,给予孩子发挥创造力的勇气和力量。

1. 对孩子进行逻辑式管教

逻辑式管教不会对孩子的行为进行过于细致的指示,但会为孩子定下大的行动框架和界限,并向孩子说明这样做的理由,让孩子根据这个逻辑来行动。

2. 让孩子沉浸其中

让孩子一次只做一件事,等一件事做完并将周边物品整理好之后,再开始下一项任务或活动。在孩子做某项作业或参与某个活动期间,无论他周围有多么乱糟糟,都不要去干涉,让孩子充分享受投入带来的幸福感。

3. 培养孩子坚持到底的习惯

好的结果通常源于好的习惯。即使多耗费一点时间,也要让孩子养成认真仔细、坚持到底的习惯。

- 让孩子选择一件可以倾注全部热情去做的事，然后坚持去做。
- 告诉孩子做任何事都不要敷衍了事，也不要为自己的敷衍找理由辩解。
- 告诉孩子做事情时不能总想着要快点儿做完，寻找捷径。
- 不要让孩子过度关注考试分数，要多多积累能够活用于日常生活的知识和技术。

4.培养孩子面对失败的能力

对于孩子树立的目标，父母要告诉孩子"我相信你能做到"，并对孩子提供源源不断的支持。这样做会让孩子认为自己一定可以做到，即使暂时失败也不会气馁。

5.比起关心结果，父母要注视孩子在过程中的努力

孩子在完成某件事情时，比起关心结果，家长更要懂得称赞孩子在完成事情的过程中展现出的韧性、专注、独创的战略、方法以及为不断改善而付出的努力等具体细节。告诉孩子哪里做得好，为什么做得好。如果要批评孩子，那么要告诉孩子批评只是针对他的做法，而不是针对他本人。

6. 培养孩子不屈的意志

让孩子体验失败是有必要的。孩子遭遇失败后，父母要主动帮他纾解压力，让他像不倒翁一样重新站起来，从而拥有不屈的意志。

7. 学会从失败中走出来

遭受挫折和失败的孩子可以通过阅读、写作、绘画、发明、制作模型等来缓解情绪，获得内心的安宁和愉悦。

8. 告诉孩子不可预测的情况会一直发生

告诉孩子，人要学会适应不同的情况。如果孩子能够降低对冒险的恐惧感，那么他就能在新的环境中学到更多的东西。通过参加一场全是陌生人的聚会或是进行一次旅行来告诉孩子，不可预测的情况会一直发生。

Soil

3
土壤

从小就辗转各地,
在密西西比河上成长的作家马克·吐温曾这样说道:

"在吸取经验教训的时候,
要当心不要用经验去否定一切,
否则就会变成被热炉盖烫过的猫。
一只猫如果被热炉盖烫过,
那么它绝不会第二次坐在热炉盖上,
连冷炉盖也不会再坐了。"

使孩子积累丰富体验的土壤环境

树木要想茁壮成长,离不开好的土壤——也就是能够让树木顺利生根,软硬度合适,同时又含有多种营养成分的土壤。仅靠一种营养成分树木无法长得很好,因此土壤营养成分丰富是树木生长所必需的。此外,树木要与周边的树木"交流",才能结出更好的果实。孩子也是一样的。孩子在自我认同的基础上接触各种各样的人、吸收各种经验和观点等,才有机会成为优秀的创意人才。

良好的土壤环境不仅能为孩子提供知识、技术等资源,还能提供良师益友或专家等人才资源。在利用这些资源的过程中,孩子会学习到合作、关怀和善意的竞争。此外,土壤环境还有助于培养孩子以开放式的心态接纳和融合多元事物。

认识和结交不同的人,接触不同的见解和立场,有助于孩子摒弃非黑即白的两分法思维,认识到黑白之间还有无数种色调的灰，从而培养出复合型思维。此外，孩子还能够在这个过程中领悟到用别人的优势来弥补自己的弱势，以及把自己的优势和别人的优势结合在一起。只有拥有这种复合型思维的孩子才能够成为创意英才。

营造土壤环境可以培养出孩子以下5项特质：接触多元文化，并与自己的知识相结合，创造自己独有的认知；将手中的资源高效利用起来的战略意识；像海绵一样吸收信息，容纳多种观点的开放式心态；不片面思考，综合考虑各种因素的复合型思维；为不断提高自身专业性而不断寻找良师益友。

下面我们一起来看一看，要想营造出这样的土壤环境，父母们需要做出哪些努力，参与哪些活动吧。

接纳多元文化的态度

接触多元文化的孩子会建立自我认同感

"孩子"这棵小树需要我们为他提供能够牢牢扎根的环境。这个"根"正是孩子的"认同感"。

刚开始,孩子接触外界的范围只局限在家庭和学校中,这会使他很有安全感,但也很容易让他对其他文化圈产生偏见。父母要让孩子接触多元文化,拓宽见闻。在这个过程中,如果能同时培养孩子的独立性,孩子就能结合多元文化形成自己独有的认同感,提升融合思考的能力。

不同的文化圈不仅语言不同,社会习俗、历史和艺术等所有方面都有差异。想要接纳不同的文化,必须具备融合思维。可以和孩子一起讨论每种文化的优缺点。在这个过程中,孩子可以把表面看起来毫无关系的事物联系起来,形成融合思维。

在接触新的文化时,孩子需要具备独立思考的能力。有句西方谚语："身在罗马，要像罗马人一样行事。"但想要真正培养接纳多元文化的态度，不仅仅身在罗马就行了，还要问问罗马人在做什么，怎么做的，又是为什么这样做。

犹太人散落在世界各地，却盛产创意英才，因为他们在维持自己固有文化的基础上，充分接纳和融合了自己所定居的国家的文化。这种融合成为创意的基石。近来在韩国，犹太父母的教育方式"海沃塔①"非常受欢迎。但只是引进形式是绝不会产生相同效果的。首先，要像犹太人那样把建立孩子的认同感放在第一位。

那么，到底怎样做才能让孩子培养出自己独有的认同感呢？父母可以按照如下方式在家庭中营造"土壤环境"。

让孩子扎扎实实地生根

所谓认同感，即孩子对于"我是谁？""我是如何生活的？"这类问题有着属于自己的答案。无论孩子年龄多小，只要经过学习，认真思考，都能够真诚地回答出这个问题。

要想巩固孩子的认同感，首先要让孩子了解自己的根在哪儿。只有这样，孩子才能在接触新的文化时，思考它和自己的文化有什么不同。

---

① "海沃塔"（Havruta）：这种学习方式通常要求两个孩子一组，通过提问、回答、对话、讨论的方式培养孩子的沟通能力和学习能力。

建立孩子的认同感，不妨从讲家族的历史开始吧。比如，对他讲爸爸妈妈的家乡是什么样子的，爷爷奶奶是做什么工作的，他们是怎么认识进而成为一家人的，等等。这些都是构成孩子家庭背景的重要内容。孩子在了解自己家庭背景的同时，会了解到和他人不同的、自己家族独有的特征。也会因此知道自己和其他朋友们是不同的这个事实。"与别人不同"这个认知，是建立自我认同感的出发点。只有当孩子清楚自己的根是什么，才能产生有别于他人的个性。

在家庭中找到自我认同感之后，要把这种认同感进一步扩大到国家和文化的层面。这里最重要的是要明确告诉孩子认同感不能用好与坏、正确与错误这种二分法来判断价值，它只代表自己与别人的"不同之处"。只有做到这个，孩子才能在接触多元文化的过程中毫无偏见地接纳其他文化。

学外语不是任务，外语只是沟通的工具

就像韩语是韩国人之间沟通的工具，其他外语也是沟通的工具。要让孩子明白，并不是为了"学习"才要努力在外语考试中取得高分，而是为了掌握"沟通"的工具而学习外语。我在美国学院长期的教授生活中悟出了一点，那就是有些非常优秀的学生并没有完美地掌握英语语法。但非英语圈的学生们，尤其是东方国家的学生们在学习英语时，总是把掌握语法放在第一位。因为

他们是为了考试分数而学习英语。这样做虽然能够提高考试分数，但不利于提高自己的外语表达能力。

我此前在美国见到过很多成功的外国人，他们身上有一个共同点，那就是即使讲不出语法正确的句子，也能够自信地表达出自己的意见。孩子如果只是背诵很多单词和专注于语法学习，即使苦学多年，也无法掌握外语的最基本的功能——沟通交流。在学习外语之前首先要拥有高度的自我认同感——我是韩国人，我的母语是韩语，所以我的英语能力不够强是非常正常的。如果能这样想，就可以自信地使用英语了。

如果韩国的语言教育环境能有所改变就好了。不要只为了在考试中取得好成绩而学习外语，而要把外语当作一项沟通交流的工具来学习。比如，朗读外语原版书籍，并使用相关语言向别人转达自己的所思所感。使用包括英语在内的外语时，要注意多多通过口语而不是书面语跟来自其他文化圈的人沟通。

学习语言，其实相当于接触一种新的文化。因为语言对文化的影响是巨大的。因此，陌生的语言体系会给外语学习者的思考方式带来影响。能够使用两种甚至多种语言的孩子能够将不同的文化融合起来，培养创新思维能力。比起学习德语和英语这两种体系相似的语言，学习韩语和英语这两种体系完全不同的语言更有助于锻炼创新思维。

接纳、融合多元文化

并不是每个人学习双语都能够开发创造力。只有当接受新的文化,并将其吸纳融入进自己原有的认知,真正成为自己的一部分时,创造力才能得到发展。

美国之所以能够成为世界强国,最重要的原因之一是它的包容性和多元性。"熔炉(Melting Pot)"一词生动地展现了美国社会的特点,它的意思是美国是多种民族、多种思想、多种文化的融合混杂。事实上,美国的大部分创新出自移民者的子女。此外,以诺贝尔奖获得者为代表的许多创新者,大部分体验过两种以上不同的文化。

现如今,韩国也必须改变"单一民族"的思想了。当下已经有大量的外国人在韩国生活,拥有跨国婚姻的家庭也很多。不能因为他们与我们不同而排斥他们,要帮助多元文化家庭的孩子在保有自己文化的基础上,吸收韩国的文化。这是营造多元文化氛围的第一步。

如果有机会和孩子去探访陌生的国家,可以试着让孩子找一找该国家的文化特征。如果受到客观限制无法亲身去体验多元文化,可以通过网络等大众媒体间接进行了解。可以用象征着世界各地文化的小物件对自己的房间进行装饰,也可以和孩子一起欣赏外国电影或观看海外新闻,然后进一步了解与之相关的历史文化背景。参加一些能够体验到不同文化圈的传统习俗活动也是一

个不错的方法。

父母还可以给孩子介绍一些能够融合不同文化，并且不断改革创新的人物事迹。比如，纳尔逊·曼德拉虽然是南非人，但他深受领导印度民族解放运动的甘地和尼赫鲁的思想的影响。他将印度的思想与自身的思想融合起来，开创了新的领导模式。

史蒂夫·乔布斯虽然出生成长于美国，但他曾远赴印度9个月，多次到访日本。通过这些经历，他从东方哲学中找到了灵感。他将东方的简洁之美与西方的先进技术相结合，最终制造出了苹果手机和电脑这一划时代的产品。

乔治亚·奥基夫虽然生活在美国，却十分沉迷于日本美学。最终，她跳出了西方美术的框架，以简洁的形式、象征性的色彩和丰富多变的造型来表达自己的情感，打造出了属于自己的风格。

战略意识

有目标的孩子懂得制定战略

土壤如果缺乏营养,苹果树结出的果实质量就会下降,甚至干脆结不出果实。但如果营养成分过多,同样很难结出好果实。

创造土壤环境就好比为孩子提供合适的资源,培养孩子的自我生长能力。资源缺乏绝对不可,但过度同样不可。特别是当孩子不懂得"缺乏"时,很难学会制定"战略"。这里的战略是指最大限度地利用人力和物质上的资源或机会,以达到取长补短,发挥自身优势的目的。这种有效利用资源的意识就是"战略意识"。

一个人拥有的能力和资源是有限的,因此想要成为创意英才,具备战略意识是必不可少的。富有想象力的人批判力可能较差,批判力强的人可能又缺乏想象力。如果把精力集中在弥补弱势上,弱势或许会得到改善,但投入发展优势的时间和努力就会相对减少。这么做的结果只能是成为一个各项能力平均,没有明显优势也没有明显弱势的普通人。

与在空间有限的花盆里长大的盆栽不同,在大自然中生长的果树在花期会进行"交叉授粉"。完成交叉授粉的果树能够结出更好的果实。因此,为了果树能够有效地完成交叉授粉,必须在它附近种植不同种类且花期相似的果树。同理,孩子要想达成自己的目标,也必须和他人产生交流与合作,最大限度地利用好自己的资源,来收获最好的果实。

韩国学生往往以考试成绩为学习目标,认为只有考试中出现的内容才是重要的。因此,在学习的过程中,他们很难培养出通过实验、探究、讨论与其他同学团结协作的能力。因此哪怕是在家里,父母也要给孩子一个学习、理解别人经验和观点的机会,帮助孩子多跟优秀且胸怀梦想的人一起交流。

把用来弥补弱势的精力用到发挥优势上来

人生是由一连串的选择组成的。与其去做自己做不好或不喜欢做的事,不如选自己擅长又有趣的事情来做。弱势,无论再怎么花心思去弥补,也很难转化成为优势。如果能把用来弥补弱势的全部精力都投入自身优势中来,反而会取得意想不到的好结果。这是一条发展孩子长处的捷径。

对感兴趣的事物了解得越深,做得越好,就越能产生不被别人评价影响的、不断向前推进的自信。但认为自己在所有兴趣领域都能发挥优势是一个错误的想法。每个人都有弱势和缺点。重要的是承认自己的缺点。

和孩子一起聊聊家庭成员的优缺点吧。对他们的优点提出表扬,对不足之处客观地评价。告诉孩子不要对别人的缺点横加指责,让他知道每个人都是不完美的。

利用身边的资源达成目标

在努力达成目标之前,一定要先想一想成功所必需的资源是什么。想做到这一点,就需要有发现和判断周边资源和机会的价值的能力。

很多人认为,只要有足够的钱就可以实现创新。然而,在创新过程中即使拥有足够的资源而没有战略,也不会成功。合适的战略是在跨越领域、寻找新方法的过程中制定出来的。

试着让孩子独立找出尽可能多的资源和机会来制定战略。最好能够利用人际资源,因为创新之路的成败,往往取决于身边有什么样的人。如果父母能够积极发展为孩子提供支持的人际关系,那么未来孩子将在意想不到的地方发现能够帮助其完成目标的资源。如果一件事无法独自完成,和其他人交流协作有可能成功。通过这样的过程,孩子学会跨越了界限,自然而然地掌握了方法。不要只等着机会自己找上门来,要鼓励孩子充分利用已有的资源来解决眼下遇到的问题,哪怕只是解决一部分。

活用身边的资源

有些人把身边的资源运用到完全不同的领域，结果大获成功，引领了创新。约翰·古腾堡（Johannes Gutenberg）改良压榨葡萄酒的机器，结果发明了印刷机。拉里·佩奇（Larry Page）和谢尔盖·布林（Sergey Brin）把用于论文排序的系统应用于网络搜索引擎的开发，结果创立了谷歌。引导孩子像他们一样，积极思考把已有资源用新的方式加以利用，培养孩子的战略意识。

首先，学习最大限度地利用现有资源是很有必要的。让孩子尝试独立去运用自己的人际资源吧。告诉他，遇到困难时不要一味苦恼或难过，要积极地寻求他人的帮助。父母要让孩子知道，向别人求助不代表自己很差或很无知，反而是有勇气的表现。

此外，还要注意观察身边有没有一直存在却被忽略的资源。在获取信息时，最便捷的工具就是智能手机、平板电脑之类的电子产品。除了这些，图书馆、书店、演讲现场等也是获取信息的地方。

最好能多思考一些使用物质资源的方法，并在实际生活中践行。比如，做一些节约用水或节约用纸的标语贴在家里或教室里。此外，还可以制作一份作息计划表，学习如何管理生活中最重要的资源——时间。利用坏掉的物品、旧衣服、旧玩具、一次性用品等制作手工也是不错的方法。

创造与他人合作交流的机会

如果孩子发现了自己的不足之处，可以让他寻找能够与自己互补的人，并向对方学习。一个学习速度慢但谦虚的人，好过一个有实力但没有上进心的人。试着找些机会让孩子跟那样的人合作。不要期待孩子从一开始就能找到一个完美搭档，在磨合的过程中逐渐培养出默契的两个人更适合搭档。在与他人合作的过程中，如果看到了对方的优点，要大方地表示肯定，并对合作结果予以高度期待。

许多人误以为创意英才缺乏与他人合作的能力，喜欢独自搞研究。事实是硅谷的创新者们即使不共事，也会通过简单的茶会或聚餐来分享交流自己最近正在研究的项目。在这个过程中，大家能够碰撞思想，获得新的创意灵感，帮助彼此在创新之路上更进一步。

多多接触不同领域的专家，与他们进行知识、技术和经验的交流也是十分重要的。了解不同领域的知识，能让自己拥有更宽广的视野。特别是跟完全陌生的领域的专家交流，会产生更具价值的想法。广泛的专业性交流有助于提高对人际资源和物质资源的利用率。

开放式心态

培养孩子接纳新事物的心态

在开阔的原野上,树木可以无边无际地生长。同理,父母也要培养孩子的"开放性",为孩子提供更加广阔的天地。"开放式心态"指的是比起日常熟悉的东西,更喜欢新奇的事物,并且能够像海绵一样不断吸收周边的信息。拥有这种心态的孩子,不会被固有观念束缚,能够用不同的视角去看待事物,即使他人的思想、文化和价值观等与自己不同,也能够尊重对方。

拥有开放式心态的孩子喜欢接触新事物,头脑也相对灵活,性格也大胆。他们不怕去陌生的地方,也能够欣然接纳与自己不同的想法和观点,并从中学习他人的长处。

拥有开放式心态的孩子会用不同的角度看问题。他们有勇气放弃掉最初的创意,耐心等待,直到出现更有价值或更奇特的创意。这样的态度可以为孩子建立一个知识和情绪的储藏所,最大限度地储存孩子那些独特新颖的创意和解决问题的办法。那么,开放式心态该如何培养呢?

消除对陌生事物的恐惧

如果孩子从小就拥有丰富经历,就不会对陌生的东西感到恐惧,具有开放式的心态。跟不同年龄、文化和生活背景的人交流,是克服"陌生感"的好方法之一。

旅行是个不错的办法。带孩子去一些气候、文化和景物等方面都与自己家乡很不同的地方旅行吧。这有助于孩子消除对陌生事物的害怕,并会产生新奇和有趣等积极的感觉。

此外,父母可以在参加社交聚会时带上孩子。这样做能够为孩子提供了解大人的机会,明白在大人的社交场合中应当遵守什么样的礼仪,又该以何种方式进行沟通交流。如果孩子认为某位朋友难以亲近,要告诉他不要凭借自身的经历或好恶从主观上草率地评价一个人,首先要敞开心扉,试着去开启交流的窗口。

偶尔跳出常态的生活

父母可以让孩子偶尔从常态的生活中跳出来。比如,品尝从未吃过的食物,读一本平时不感兴趣的书,尝试一项从没试过的运动或学习一件乐器等。因为对于孩子来说,"尝试"本身就是一种经验。还可以鼓励孩子加入滑雪板、冲浪或飞机模型制作等社团，多多认识拥有不同爱好的新朋友。试一下倒着走或其他不同于平常的行走姿势，也可以用不同于平时的视角重新观察周边环境。

孩子可以参加能够体验异国文化的庆典或活动，通过电影、演出或电视剧等媒介了解其他地域人们的生活方式和语言。让孩子在小学高年级阶段独自去参加夏令营。

要让孩子通过多见识和多感受来不断改善自己的想法。告诉孩子，此刻的"我"是此前的思考和经验的产物。要让他知道，改变自己的想法并没有什么难为情的；相反，没有勇气改变思想是一件羞愧的事。这样一来，孩子就会明白如果改变现在的自己，那么未来的自己也会得到改变。

复合型思维

培养复合型思维有助于形成综合思考能力

树木的茁壮生长离不开含有多种营养物质的土壤。同样地，孩子在成长过程中也应当多接触不同的人。除了父母、兄弟姐妹和亲戚，孩子还要和朋友多交流。接触不同的观点和思想，孩子的"复合型思维"会得到发展。

所谓复合型思维，是指综合考虑多样化的情况和观点之后再作判断的思考方式。用开放式的心态接纳一切，体验外部世界多样性的同时，要学会综合地思考问题，促进复合型思维的发展。

事实上，创新过程本身就需要人具备很强的复合思维能力。在创新的过程中，有时需要高度集中精力，有时需要放松，有时需要深度专注于自己的内心，有时又需要跟许多人一起交流探讨。这种根据过程需要随时转换思维也是复合型思维的体现。那么，想要培养孩子的复合型思维，需要怎么做呢？

营造平等而积极的家庭氛围

培养孩子创造力的最佳家庭环境是平等的关系和积极的氛围，而不是父母说什么孩子都要无条件服从的权威关系。每个家庭成员都能够发表自己的见解，甚至可以彼此争论。当孩子看到家庭成员们持不同意见时，他会切实感受到一个问题可以产生多种见解。但是在争论时，不要一味地批评对方是错误的，自己是正确的，而要明白彼此只是见解不同，要展示出愿意接纳不同见解的姿态。如果孩子时常能看到家人彼此交换见解，他也会如实地表达出自己的意见。与此相反，不能尽情表达的家庭氛围和枯燥的生活方式会妨碍孩子创造力的发展。

通过和大人对话，孩子能够学到复杂的辩论技巧。尽量不要用答案单一（如"是"或"不是"）的问题对孩子提问，而要抛出能让孩子问出"为什么"的问题。与人讨论交流的重要性，无论怎么强调都不为过。综合不同见解得出新结论，这是创意英才必须具备的能力。让家庭气氛充满活力吧，比起父母的社会、经济地位，这样的家庭氛围能更好地培养孩子的创造力。

其他培养复合型思维的方法

如果头脑中储备的知识足够多，那么孩子进行综合思考也会相应容易些。从这个角度看，读书对于促进复合思维能力的发展最有效。那么，让孩子和其他人共读一本书，并对书中的内容展开讨论吧。这个人既可以是孩子的朋友，也可以是像父母一样的成年人。在书籍的选择方面，比起惩恶扬善这类主题单一的书，选择内容相对复杂、人物的性格和命运由多重因素决定的书籍更好。人物从头到尾都是好人或坏人的故事不要选，要尽量选择人物经历了一系列起伏，内心活动丰富的故事。比如，《悲惨世界》中的沙威警长，他为什么最终放过了他追捕多年的逃犯冉·阿让？可以试着和孩子一起讨论沙威警长的内心世界。

父母可以向孩子讲解书中人物思想复杂的原因，借此告诉他无论是谁都有可能因环境的不同而发生改变。问问孩子从书中人物身上学到了什么，如果自己是书中人物又该怎么办。最后，让孩子想一想书中人物具备什么样的优秀品质，以此让孩子学习该人物身上的美好品格。书中人物是否具有意志力，是否勇敢，是否拥有开放心态等，父母都可以跟孩子进行讨论。

父母还可以通过一些能让孩子感受到乐趣的活动，让孩子体验"复杂性"。可以和孩子一起做饭，让孩子亲身体验要以什么样的顺序，要经过哪些步骤才能做好一道菜。所有的菜式在刚开始尝试时都会觉得复杂，但只要了解制作顺序就会简单很多。

此外，让孩子下国际象棋、围棋，玩拼图或推理类桌游等需要制定战略、能够锻炼大脑的游戏也很好。孩子即使不了解游戏规则也可以先跟着朋友们一起玩，在尝试的过程中学习游戏规则，如果孩子在解谜时感到有困难，父母不要马上去帮助他，让他试着独立解决问题。如果孩子暂时解决不了也没关系。家长要留意孩子是如何试图处理问题的,等孩子完成独立思考后,可以向他提供一些建议,帮助他修改自己的方法。

送给父母的金句

良好的"土壤环境"能够为孩子提供物质和人际资源,孩子在利用这些资源的过程中能够学到合作、关怀和善意的竞争。

1. 帮助孩子追求多元,并使之融合在一起

除了学习自己国家的传统文化,孩子还要以开放的心态接纳多种文化。深层次地接触不同文化圈的价值观、思想或理念,然后和自己原有的认知结合在一起,孩子可以产生新的想法,以此推动创新。

2. 把外语当作一项沟通的工具来学习

就像韩语是韩国人之间交流的工具,外语也是沟通交流的工具。因此,孩子学外语的目的并不应该是外语考试,而是跟外国人沟通。想要获得真正的语言能力,可以从训练有逻辑的说话能力和写作能力开始。

3. 把用来弥补弱势的精力花在发挥优势上

弱势很难变成优势。如果能将倾注在弱势上的努力都投入在发展优势上，将会收获意想不到的效果。这是发展孩子自身优势的捷径。

4. 帮助孩子与别人进行专业性的交流

和其他人合作，一起实现目标或是和别人展开善意的竞争，都能够促进专业性的交流。与不同领域的专家们在一起进行专业性交流时，更能够碰撞出有价值的创意。创意英才不是天生的，需要将别人的知识和经验转化成为自己独有的东西。

5. 营造平等而积极的家庭氛围

在开发孩子创造力的过程中，父母要打造理想的家庭环境，营造平等而积极的家庭氛围。如果在家中孩子不能发表个人意见或对父母言听计从，将会妨碍创造力的发展。无论是大人还是孩子，都应能够在家庭中自由地发表观点和意见。

4
空间

西班牙超现实主义绘画大师萨尔瓦多·达利（Salvador Domingo）
曾对视自己为怪才的人说道：
"我并不奇怪。只是不平凡罢了。"
创造力的源泉来自平凡之外。

让孩子保有个性的
空间环境

苹果树吸收明亮温暖的阳光，忍受强劲的大风，在富含多种营养成分的土壤里牢牢扎根之后，还需要可以尽情生长的时间和空间。同样地，孩子在树立远大的目标、积累扎实的专业知识、建立起自我认同感之后，还需要能够尽情施展自己所学所感的余暇和自由。也就是说，孩子必须有自己的"空间"。如果没有空间环境，只有疾风环境和土壤环境，即使孩子储存了一些知识和技术，也无法通过自己的想象力进一步向专业性发展。这样的孩子是无法成为创新者的，至多成为一名专家。

在空间环境中，孩子会在和其他人形成亲密关系的同时，获得情感上的独立。他还能够学会独立进行深度思考，不仅能够正视自己的情感，还能够将其恰当地表达出来。

空间环境能够为孩子培养出七大特质：拥有感性思维能力，

表现为感觉敏锐，能够正视自己的情感，发现真正的自我；共情能力，能体会他人的情感；深度思考能力，表现为将学习过的知识或经历过的体验进行回顾和思考，将其完全转化成为自己的认知；自我主导意识，意识到自己是自己人生的主人，自己要为自己的决定负责，成为一个自律之人；想象能力，即能够跳出现实，在脑海中勾勒出天马行空的画面，树立更大的梦想；高度的自我认同感，不在意他人的目光，以平和的心态做事；用批判的眼光看待既存秩序，敢于讲出自己的意见或主张。接下来我们就一起看看，如何营造能够培养出孩子以上特质的空间环境吧。

<small>感受自我的能力</small>

让孩子找到真正的自我

拥有别人不具备的独特的个性对于新时代的创意英才来说十分必要。想要让孩子拥有独特的个性,就必须挖掘出孩子身上的"感性"。有感性思维的孩子感觉更敏锐,他们能够立刻捕捉到周围的信息,然后把自己感受到的东西如实地表达出来。前面我们提到过的积极态度、幽默态度、热情态度并不是刻意养成的,而是自然而然发自内心的一种美好的情感。如果能够充分感受和理解幸福、愉悦和爱等积极情感,人就能够从忧虑中解脱出来,打开想象力的大门,发现真正的自我。

像文森特·梵高(Vincent van Gogh)或尼古拉·特斯拉(Nikola Tesla)这样的创新者们,都有感性的一面。尤其是梵高,他把自身的痛苦和不安用艺术的形式表现出来。艺术家们有时会完全陷入自己的感情中,做出冲动的行为。所以,如果孩子带有艺术家气质，当他的感情过于丰富或是情感表达过于强烈时，父母不免会有些担心。但是，如果能让孩子把他的这些情感投入创作中，这些情感则会转化为能量，让孩子创作出更多有意义的作品。

正确认识自己、了解自己

在韩国社会中，比起"我"，人们更重视"我们"。这是因为韩国人重视共同体的命运，总会强调个人是集体的一部分。但是在这之前，孩子们首先要对"我"树立正确的认识。孩子在家庭中扮演女儿、儿子、姐姐、哥哥、弟弟等角色，在学校扮演班长、同桌、朋友等角色，那么他真正的自己在哪里？让孩子把精神集中在"我"上面吧。我们要寻找的真我并不是外在的特征，而是内在的特征。如果把精力专注于外在，自然就会在乎别人的看法，价值观会随别人看法的改变而变化。让孩子尽量不要做出"那个人会怎么看待我？""怎样做才能让那个人满意呢？"等在意外界评价的提问，而要引导孩子更多地向自己提问，如"我呈现出的哪种面貌是最好的？""我做什么事情心情最好？"等。

让孩子把感受放到自己身上的最佳方法是写一份"两分钟的自我介绍"。把对于"我"来说重要的东西，能让"我"开心愉快的东西，让"我"感到激动的东西等罗列出来，并通过具体的行动获得真实的体验。这样做孩子可以加强对自身的认识，清楚地明白自己与别人的不同之处。

在正确认识自己的基础上产生自信的人，外表和内心是一致的。这样的人不依靠外表制造魅力，而是通过内心把积极的能量散播到身边，因此拥有强大的吸引力。这一切都是正确认识自我，了解自我的结果。告诉孩子，不要总想得到别人的关注，首先要自己关注自己。

关注自己的情绪

想要孩子拥有感受自我的能力，首先父母自身要展现出成熟的感情，不要被自己的情绪裹挟或爆发出过激的情绪，而要能够恰当地表达自己的感受。此外，当孩子表现出激动的情绪时，父母要学会平静地接纳孩子的情绪。让孩子想想自己为什么会有这样的情绪，找出明确的原因，正确认识自己的感受。

父母不能让孩子的情绪一再堆积以致最终爆发，要让孩子在情绪产生的初期就能够自我察觉。因为只要能够找到情绪的根源并正视它，就能够以恰当的方式将其表达出来。在感受到某种情绪时，告诉孩子不要只是被动接受，而要花些时间仔细思考一下"为什么"会产生这种情绪。感受和心情常常会影响一个人的想法和立场，进而成为个人进行判断的依据，因此父母要告诉孩子时常关注自己的情绪。

让孩子学会经常审视自己的内心吧。只有能够很好地理解和表达自己的心情，才能显露出属于自己的独特色彩。在日常生活中，不要只问孩子"你在想什么呢",最好多问问他"你感受到了什么?""你现在是什么样的心情?"之类的问题。

让孩子学会表达感情的方法

人有表达自己感情的自由。如果让孩子觉得坦率地表达自己的感情就是暴露自己的弱点甚至是不懂事的表现,那么孩子会渐渐抗拒表达感情,甚至无意识地压抑自己的感觉或想法,阻断正常感情的表达。这样,孩子就会变成一个没有鲜明个性的无趣之人。

因此,父母必须教会孩子表达感情的方法,让孩子练习通过写作、绘画或肢体语言等多种形式表达自己的感情。不要让孩子像小婴儿那样通过哭闹耍赖的消极方式引起别人的注意,要引导他学习通过表达说服别人的本领。学习一门乐器或参加舞蹈、美术这样的艺术类课程也会起到帮助作用。表达情感的方式掌握得越多,就越容易面对自己的感情。

以"好"和"不好"来简单评判孩子创作出的作品,或是将孩子的作品和他人的作品进行比较都是不可取的。

父母的评判与比较会使孩子变得怯懦畏缩。即使孩子把小狗涂成深绿色或是把猫咪涂成青紫色,也要认可那是属于孩子的独特表达,父母要对他表示支持。此外,要让孩子充分认识到比起创作的结果,"过程"更加值得重视。当孩子沉浸在写作、绘画或手工活动中时，比起关注作品的完成度，父母更应该注重孩子在这个过程中如何表达自己的心情或想法。父母要让孩子无论何时都不要踌躇犹豫，无论任何感受都能勇敢地表达出来。

合理利用情绪

害怕、不安、愤怒、悲伤等坏情绪也不总是没用。消极的情绪虽然削弱想象力，但若能转化为动力，反而能够增强自身的韧性和专注力。此外，消极情绪也会对后面讲到的批判力产生有益的影响。

因此，掌握合理利用情绪的方法是必要的。情绪积极时多做跟创意相关的事，情绪消极时多反思和审视，将消极情绪用在培养韧性、专注力和批判力上。

共情能力

通过共情培养孩子的关怀之心

如果父母能够提供良好的空间环境,孩子就能够在其中与他人产生共情,成为一个懂得照顾他人感受的人。所谓"共情",就是能够考虑到别人的经历或情况,从内心深处表示理解,并从行动上表示支持。共情和同情是不同的。同情是对别人表示怜悯,但依然与对方保持距离。而共情是能够换位思考,用心去体验和接纳对方的感受,从而建立心理上的联结。

一旦与人产生共情,就能从心理上对别人产生"关怀"。这里的"关怀"指将通过共情感受到的情绪积极表达出来的举动。这一举动让人从利己变为利他,试图从多个角度去理解对方的处境,并为对方解决问题。关怀是能够让世界变得更加美好的积极行为。

共情能力和关怀能力对孩子的帮助也是巨大的,它能使孩子结识更多的人,发展出更和谐的关系,同时使孩子的想法和行为变得成熟，在生活中感受到更大的满足感。具有共情能力的孩子会希望能帮助更多的人，从而充分发挥自己的想象力和融合力。

拥有能够感动别人的表现力对创意英才很重要。然而，只是单纯地从情绪上共情，有可能导致感情用事。而接纳他人的观点，从心理上与他人共情，不仅可以更加明确地表达自己的感受和想法，还可以更加轻易地说服对方。让我们一起来了解培养孩子共情能力以及关怀他人的方法。

让孩子学会关心他人

想要对他人产生共情，最需要的是什么？是对他人的"关心"。引导孩子把关心别人作为一种习惯吧。要想形成这种习惯，孩子要学会把自己的关怀有效地传递给别人。这和沟通的技巧类似，即在对话时要坦率地表明自己的意思，但要注意在语言上不要对他人造成伤害。关心的最好方式是倾听。除了理解对方话里的意思，还要试着理解对方的肢体语言和表情等传达出来的信息。有意识地寻找别人的长处，并通过语言等对对方表示夸奖。

还有些方法，父母可以和孩子一起愉快地进行练习。比如，通过文学作品、电影或是绘画等间接地理解别人的心情和处境。其中，读文学作品是练习共情最有效的方式。试着让孩子将书中那些面临困境的人物的心情用语言表达出来，还可以和孩子讨论书中人物情感的变化，这些都有助于培养孩子的共情能力。

此外，父母可以告诉孩子，如果学校里有看起来特别弱小或内向的同学，要主动和他们讲话，通过一些小小的玩笑和夸奖让同学的心情变好。这样做可以让孩子直观地看到自己的关心能够产生多大的积极作用。告诉孩子，当朋友向自己倾诉烦恼或困难时，要成为陪伴和帮助朋友独立解决问题的协助者。人们通常只是希望别人能倾听自己，与自己产生共情，而不是真的希望对方提供解决之法。重要的不是"教导"而是"共情"。为此，面对孩子的倾诉，父母应首先对孩子的感受表示出积极的认同。比如，孩子不知道天气转冷，穿了单薄的衣服出门，结果被冻得不轻，向你诉说他的郁闷时，不要对他说"下次穿厚点再出去"，而要说"真的很冷吧。你没感冒吧？下次要不想再挨冻，要怎么做比较好呢？"

　　以下的沟通技巧可以让孩子先以父母为对象进行练习。

・让对方把想说的话说完，认真倾听的同时目光注视着对方，并不时地说"是啊""没错"之类的话来应和。

・听完对方的话后，可以向对方做出一些激励性的表达。比如，"你还有什么要补充的吗？""我们一起来说说看吧。"这样，对方就会进行一些更深层次的表达。

做一些小小的善举

　　关怀他人的能力不是天生就有的，而是通过后天的练习和努力习得的。让孩子记住，自己奉献出的小小关怀是可以帮助到别人的。哪怕只是小小的善举，也可能给对方带来巨大的帮助，就像绝境中的一束光一样。

父母可以和孩子一起坚持去做有益于社会的事。起初可以在家门口捡垃圾，也可以参与一些类似为社区绘制宣传壁画的活动，然后逐渐扩大关怀的领域。通过这样的志愿活动，孩子可以认识到拥有一颗关怀之心并不是一件多么了不起的事情，而是利用碎片时间做一些小小的善举。

共情并不是无条件地认同他人

承认他人的个性和被他人同化显然是不同的两件事，共情建立在双方相互尊重的基础上。父母必须警惕孩子过分照顾别人的心情或过度在意别人的感受，注意不要让孩子产生对方是对的而自己是错的这种想法。

此外，告诉孩子不能因为照顾别人而盲目地委屈自己。当对方发起不正当的攻击时，也不要默默承受或无条件忍耐。只有在平等的关系中才会产生真正的关怀。让孩子明白，看别人的眼色或是不管做什么都去配合对方的心情，不是共情，而是将自己和对方置于不平等的关系中。

深度思考能力

让孩子学会深度思考的方法

虽然苹果树在太阳的帮助下能够进行光合作用,在土壤的帮助下能够汲取养分,但把这些转化为生长所需的能量则完全靠苹果树自己。孩子也需要一些时间把自身的经历和学到的东西进行再思考,即孩子需要具备"深度思考能力"。想要对某事做出判断,就需要对其进行深度思考,然后分析和评价。同样地,无论孩子是外向还是内向,只要具备深度思考的能力,就能够培养出创造力。

为了促进独立思考,创新者们普遍爱好一项活动,那就是亲近大自然。他们仰望自然之伟大,在森林中独自散步,练习观察自己的内心。他们还喜欢种植物,纳尔逊·曼德拉甚至在关押自己的监狱中开辟了一方菜园。

除此之外,还有一些方法可以培养孩子深度思考的能力,让我们一起来看看吧。

4 空间

让孩子不惧怕独处

培养孩子深度思考的能力,需要给他提供一个不被任何人打扰的空间。即一个既没有容易分散孩子注意力的电子设备,又能隔绝周围噪声的空间。

当孩子独立思考的时间越来越长时,有些父母会担心孩子是不是太过内向了。但要知道,具有创造力的伟大人物也不是永远只呈现活泼的一面。在创新过程中积累专业知识技能或使用批判力时,需要独自冷静思考。此时,由于需要独自专注于自己的事情,会感到孤独。然而只有克服这种孤独感,才能够取得成功。

父母要帮助孩子不害怕独处,也不要在独处时认为自己感受不到爱或感到十分枯燥,告诉孩子要培养一颗在独处时也能充实的心。

可以让孩子体验织毛衣、画画、写文章或制作艺术作品等活动,让他明白独处时也能过得愉快充实。如果孩子有些内向,父母要把注意力放在发挥孩子的长处上面。内向的孩子通常具有分析能力和对细节的观察能力,父母可以和孩子一起体验能够将这些长处发挥出来的活动。

养成回顾当天经历的习惯

当孩子遇到复杂的问题时,他需要足够的让他沉浸其中的深度思考时间。父母要告诉孩子不要原封不动地接受收集来的信息,而要对其进行再思考和分析,或将其和已知的信息关联起来,或尝试反向思考。这些思考会大大促进孩子创造力的开发。因此,不要在孩子沉思时打扰他。

此外,告诉孩子不要只思考跟学习相关的事,鼓励孩子养成对每天发生的事进行回顾的习惯。孩子可以趁每天独处的时候或睡觉之前回忆一下当天发生的事情,通过五感来回顾当天所经历的一切,特别是美好而积极的事物。引导孩子把注意力放在其中一件事上,冷静地回忆一下当时的心情,以及为什么会感受到那种心情。或者,让他跟父母分享一下当天发生的事。

思考奇特或有趣的事情

不管对什么问题,只要坚持思考,思想的力量就会越来越大。让孩子想象一下,如果在超市收银台排队结账时,所有的收银机都突然坏掉的话会怎么样,有没有什么好办法可以让已经排好队的人都能顺利地把东西买回家。

孩子在进行深度思考之后,一定要好好休息。和孩子一起想一想休息放松的好方法,以及怎样做才能缓解压力。这时,父母可以把自己总结的小窍门告诉孩子。可以定期带孩子到野外自然环境中走一走,让孩子停下脚步,欣赏路边绽放的野花,对微小的美好事物心怀珍惜,在广阔的自然面前保持一颗谦逊敬畏之心。

自我主导意识

培养孩子自主能力的方法

当父母为孩子提供支持的环境,并能够相信孩子可以独自解决问题时,孩子的自我主导意识便会形成。拥有自我主导意识的孩子在追求自己设立的目标时,不会被他人的期待左右。在为了达成目标而努力的过程中,孩子能够感受到有趣、开心和满足等积极的情绪,感受到"自己是自己生活的主人"。这就是"自我主导意识"。

孩子若能在自我主导意识的驱使下找到自己想做的事,便能把它转化成为热情,获得持续奔跑的能量。那么,父母怎么做才能培养孩子的自我主导意识呢?

给孩子提供选择的机会

想要培养孩子的自我主导意识,最重要的是给孩子提供选择的机会。父母不要把待办事项一条条仔细地列给孩子,而要告诉孩子整体的目标与原则，框架内的具体事项由孩子自主选择完成。

当然，并不是所有事都让孩子按自己的意愿处理。比如，看电视或玩游戏的时间要有明确规定，让孩子必须遵守。刚开始时可以在一些日常的小活动中让孩子独立负起责任，然后逐渐扩大活动范围让孩子承担更多的责任。只有对自己选择的事情负责任，才能培养出自我主导意识。

在完成某项任务时，父母要让孩子充分理解任务的重要性，并向孩子说明任务的规则，剩下的细节就让孩子自己把握。如果是针对专业能力开发或为实现目标而完成课题，尤其需要强调自主性。就算孩子做事效率不高，看起来像在浪费时间，父母也要放手让孩子自由去做。

孩子来到这个世界，不是为了过父母规划好的生活。具备自我主导意识的孩子，能够通过与父母保持适当的距离来获得属于自己的认知。父母不可将孩子视为自己的附属品，而要将孩子当作生活上的同伴。只有这样，孩子才可以自由地做自己想做的事，而不是背负父母的梦想。

尊重孩子自身的节奏

每棵树开花结果的时间都不一样，孩子的创造力思维的发展亦是如此。发展创造力思维是需要时间的，若想在某个领域中积累专业知识和技能，需要花费很长的时间。生活在同一个家庭里的兄弟姐妹,各自的个性、特征、学习效率和兴趣爱好等也不相同,父母要尊重每个孩子的差异。

孩子的潜力就像宝藏。回想一下郊游时寻宝的经历吧。只有当你确信有宝藏时,你才会费尽心思去寻找。父母必须相信孩子身上拥有宝藏般的潜力。如果父母相信,孩子也会相信。只要拥有这种信心,那种想要立刻看到成果的焦虑也会减少。父母要尊重孩子成长的节奏,孩子用自己的节奏做事时,能够感受到参与感、满足感和愉悦感,也会增强自信心。

培养一个有主见的孩子

无条件服从父母的孩子极有可能成长为一个没有主见的大人。孩子身上的固执意味着孩子自我意识的发展、独立意识的产生和独立行为的开始。孩子在明确提出"我的东西""我想做的事情"时,胆量和意志也得到了锻炼。大多数创新者从小时候起就是主观意志强烈的固执狂。

执着的个性与孩子的自我主导意识紧密相关。执着的孩子不会不加思考地模仿别人,即使获得别人情感上的支持也不会完全依赖别人。执着不是"顽固",而是表达"自我主张"和感情的一种方式。因此,父母不要武断地批评孩子执拗,而要问清楚孩子为什么执着于某事。父母最好在一开始就把执着和固执的区别告诉孩子,允许孩子在想要参与新体验或新挑战时表现出执着,但如果孩子的行为过分了，请果断告诉他"不可以"。父母不要给孩子贴上"不听话的孩子"或"叛逆"的标签，要换种方式思考，他也是"主观意愿明确的孩子"和"善于表达意见的孩子"。

找到真正想做的事

发现孩子的才能，尽全力去培养他，是父母能够给予孩子的最大的礼物。当孩子说自己想做某事时，父母要支持他的决定，让他感到有信心。在培养孩子成为创意英才的路上，父母坚定的支持必不可少。

孩子一旦找到自己真心想做的事，便会生出热情，也就会为自己定下方向，产生引导自我前进的力量。孩子可以从兴趣爱好中寻找想做的事，如果孩子感兴趣的领域有很多，那么尽量引导孩子将不同的兴趣结合起来。比如，如果孩子对诗歌和舞蹈这两个领域感兴趣，可以让孩子作一首与舞蹈相关的诗。如果孩子喜欢动物和绘画、摄影，可以让孩子画一幅主题为动物的画或是给动物拍照。父母可以像这样帮助孩子将不同领域的兴趣关联起来。

此外，如果孩子对弹钢琴感兴趣，不要只让孩子学习弹钢琴的方法，可以试着让他在观众面前演奏或和朋友一起举办一场小型演奏会。这样做可以进一步增强孩子的学习动力，孩子的自信心和自我主导意识也会同时得到提升。

幻想思维

培养孩子想象力的方法

每棵树都会在冬天休眠，为即将到来的春天做准备。孩子在创造过程中的休息正是"幻想"。幻想帮助孩子暂时从身边的现实世界中脱离出来，进入天马行空的幻想世界，让大脑得到片刻的放松。一些父母认为幻想等同于做白日梦。然而，幻想是培养想象力的最佳方法。因为存在于脑海中的知识、技术和经验是有限的，但幻想是无边界的。因此，父母要为孩子提供时间上和精神上的自由空间，支持他尽情地展开想象的翅膀。

幻想究竟是什么呢？幻想就是摆脱时间和空间的束缚，把那些不存在的事物在脑海中勾勒出来。储存在大脑中的知识、技术和经验是幻想的基础。那些改变世界的发明，起初也只是脑海中的一个幻想。电话和视频通话技术的发明，就是从"用一根电线就能和远方的人对话吗"和"可以和地球另一端的人当面交谈吗"

这样的幻想开始的。即使当时有人嘲笑这样的想法不现实，但它们后来的确改变了全人类的生活。

也许有人会问，幻想会不会影响注意力集中呢？当然，在做一件需要集中注意力的事情时，幻想的确会造成妨碍。阅读一本晦涩的书籍时，如果中途产生幻想，则无法准确地理解内容。但在需要灵感的创作过程中，幻想是不可或缺的。那些奇思妙想不会在埋头苦干中浮现，而会在自由的幻想中突然而至。

固然，在创新过程中拥有坚持不懈的精神和高度的专注力是十分重要的。但在细节的地方过度专注，会让人无法看到全局。因此，通过幻想让大脑得到休息，产生新想法，创新才会有更好的结果。只有意识得到休息，潜意识才能活跃在脑海中。这样，某个瞬间我们才会有"啊哈！有了"的想法，即灵感浮现在脑海里。

"啊哈！有了"很容易被认为是天才的专属物或神给的灵感。但事实上，它们是努力的结果。为了实现目标的持久的坚持和不惧困难的坚韧意志力，它们能大大提高产生新思维的可能性。

通过有趣的提问引导孩子进行幻想

有助于开发创造力的幻想并不是随意地发呆，而是跳出现实进行思考。正如前面所说，幻想是潜意识的活跃活动。父母不要一味地催促孩子赶紧学习，而要通过巧妙的提问引导孩子进行幻想,如"如果……会怎么样呢?"或者"如果不是……会怎么样呢?"

向孩子提出下列问题,并让他给出不同的答案,还可以选一个感兴趣的问题编一个幻想的故事。

- 如果法律禁止人们唱歌,世界会变成什么样?
- 如果每个星期六都下雨,人们的生活会发生怎样的变化?
- 你认为最神奇、完美的一天是什么样的?
- 如果有一天时间可以变成透明人的话,你最想去干什么?
- 如果人通过摸鼻子、耳朵或是眨眼就可以改变天气,世界会变成什么样?
- 如果所有人都可以飞到自己想去的地方,那会是一个怎样的世界?
- 如果可以变成动物,你最想变成什么动物?这个动物是如何生活的,以什么为食以及在哪里睡觉?

用文字开启想象力的大门

视频时代已经到来,大人和孩子都可以随时随地观看视频。但视频有一个致命的缺点,那就是让人们失去想象力了。视频中的一切都是鲜活而具体的,孩子不用在脑海中勾勒和想象画面。所以,经常接触电子产品不利于培养孩子的想象力。

父母要尽可能地让孩子远离电视、电脑、手机等,不能将全家一起看电视作为一项日常家庭活动,不要用手机来吸引孩子的注意力。电子游戏也是一样,如果无法完全阻止孩子玩,就必须限制玩耍的时间。

让孩子尽可能通过书本来学习。如果孩子不认字,就由父母读给孩子听,或通过有声书软件播放给孩子听。文字是孩子开启想象力大门的钥匙,孩子能够把读到或听到的故事通过想象在脑海中形成画面。

收集一些已有的文学作品,如古希腊古罗马神话传说,将其进行改编也是培养想象力的好方法。还可以让孩子把看过的书或电影中的人物进行互换,改写或续写已经发生的事,这些都能够调动孩子的兴趣。比如,让孩子想象,如果《冰雪奇缘》中的爱莎公主出现在《哈利·波特》中,会发生什么样的故事。

通过玩游戏提升想象力

让孩子多在户外活动有助于提升想象力和创造力,如尽情地在野外奔跑跳跃,探索自然,在大自然中发现新事物。在野外孩子可以观察到各种动植物和昆虫,父母可以引导孩子想象它们的生活是什么样的。这样做孩子不但可以培养出讲故事的能力,还能发展自己的空间感知能力。

父母不要指定孩子玩某种游戏,而要站在孩子的角度,做他

4 空间

最好的玩伴。和他一起挖土，在草地上蹦跳，一起度过愉快的时光。孩子还可以玩一些球类游戏，充分调动身体，尽情挥洒汗水。

在室内也可以玩一些激发想象力的游戏，如拼图、桌游这种可以通过多种方式开展的、能够发挥主观能动性的游戏。此外，幻想自己变成另一个人或另一种存在，也有助于提升想象力。父母可以和孩子用读过的故事编排一场小话剧。除此之外，还可以用下列游戏为孩子带来快乐和想象力。

· 想象自己变成猴子、恐龙或机器人后会如何行动，并用肢体动作表现出来。

· 寻找一根生长在树林里的形态奇特的树枝，把它想象成魔杖，并用此表演一个小节目。

· 试着画出企鹅的假发和秃鹫的发卡等不存在的东西。

· 为卡牌游戏发明一个新玩法并实际操作。

· 玩无脸的娃娃或没有轮子的汽车等残缺的玩具，并依靠想象填补缺失的部分。

· 给孩子讲述圣诞老人或住在月宫的玉兔的故事，然后和孩子一起制作面具或服装，接着按照自己扮演的角色来说话和行动，演一场小话剧。

不盲从的态度

培养孩子成为不盲从的人

苹果树生长时，如果空间不足，枝干和树叶缝隙间的空气流动就会受阻，以致苹果树无法长大。因此，农夫会在树和树之间留出适当的距离。同理，父母也要为孩子的成长留出充足的空间，不要与孩子太过紧密，而要在精神上保有适当的距离，让孩子能够独立思考和行动。只有这样，孩子才能找到自身的个性，并尽情地展现出来。

每个人天生的个性都不相同，但社会会使人同化。在我们的社会中，如果一个人显露个性，会被认为是"出格"。然而，创意英才正是那些与众不同之人。

"不盲从的态度"指的是不盲目听从别人的意见，不遵循固有的模式。固定的模式或框架中不会产生创意。不盲从的人对成功的看法也与一般人不同，他们不会为了迎合别人或向别人证明自己而去追求成功。他们只走自己的路,为自己制定计划和目标,并准备好承担相应的后果。

不盲从的孩子在面对质疑时会坦率地说出自己的想法,但这样的孩子在韩国很少。韩国的孩子在小学高年级至初中低年级期间,好奇心和想象力会大幅减弱。为了防止出现这种情况,大人们必须在家庭和学校里营造出认可和尊重孩子个性的环境。想要把孩子培养成为不盲从之人,家长们可以尝试如下方法。

告诉孩子尊重自己的选择

父母要告诉孩子,与其迎合别人,不如尊重自己的选择并为自己的选择负责。鼓励孩子采取与众不同的行动,但要告诉孩子不要把自己的标准强加到别人身上。不要让孩子因为自己人缘好而骄傲自满,也不要让孩子刻意去博取别人的认可。

孩子应当像一只冲击蓝天、征服世界的雄鹰,努力摆脱别人的眼光,拓宽自己的想象,看到更大的世界。只有这样才能产生独特的思考并创造出与众不同的东西。父母要支持孩子和他人不同的想法。只有和别人的想法不同,才有可能改善现有的事物,产生新的创意。父母可以试试下面的方法:

・了解流行趋势,但不必刻意追随。有意识地避免跟风购买鞋子、包、衣服等。

- 告诉孩子,如果被别人视为怪才或怪人,不用在意,甚至可以为此感到自豪。所谓怪才,往往是发明智能手机或网络社交软件等创新产物,从而改变世界的人。

鼓励孩子跳出固有模式

请记住,"与众不同的孩子会改变世界"。父母要让孩子拥有独自思考的自由和空间。父母不要害怕孩子成为和别人在思考或行动上不一致的人,反而应当为此感到骄傲。有时,孩子会做出令大人难以理解的、违背常规的行动。这时,父母不要斥责他或是要他按照父母的标准改变自己,而要用温暖的目光注视着他,支持他做自己。此外,帮助孩子早早地找到自己喜爱的颜色、歌曲、书籍和榜样等,可以让孩子更具个性。

- 在玩涂色游戏时,如果孩子偏离纸上已有的线条自由涂鸦,请父母给予称赞,并询问他这样做的原因。
- 当孩子用食物作画时,父母不要横加指责,而要夸奖说这是个新奇的创意。
- 鼓励孩子采用与平时不一样的方法做某事,如改变先后顺序去做。
- 鼓励孩子对空瓶子、空箱子等东西进行改造,做出有用之物。

消除性别偏见

让孩子跳出"男孩""女孩"的框架

孩子想要成为创意英才,实现创新,就不能被性别身份束缚。消除了性别偏见,孩子就不会被性别赋予的角色或固定观念束缚,从而自由地发挥自己天生的个性和优势。

男孩也需要感性,女孩也需要具备风险承受能力。男孩和女孩拥有同样的创造潜力,没有哪种性别的创造力天生高人一等。

拒绝性别赋予的角色或固定观念,无论是男孩还是女孩,父母都要为其营造出一个良好的空间环境,让他/她在其中能够跟随自己的好奇心和兴趣,发展自身优势。父母应当把消除性别偏见作为子女教育的首要原则,告诉孩子不用在意所谓的"女孩就要文静一些"或"男孩子不能哭"这类带有性别偏见的评论。不要去打击一个孩子王般活泼又强势的女孩,也不要去责备一个内心敏感柔弱的男孩。要支持孩子保有自己的天性。而且,在制定未来规划的时候也不要让孩子受到性别的限制。父母要明确地告诉孩子，世界上的一切职业，孩子都有自由选择的权利。

摆脱传统性别观念的束缚

如果在意周围人关于女孩该做什么或男孩该做什么的论调，那么开发孩子的创造力将会变得困难。父母要主动站出来，为孩子清除可能会使其受到影响的陈旧观念。和孩子一起就这个问题展开讨论吧。"我"所拥有的传统性别观念是什么？为什么会有这样的想法？只有找到这些问题的根源，才能消除性别偏见。

由于性别偏见，日常生活中的许多事情会被人们理所当然地认为应该由某一性别的人来做，找出这些事情，并假设这些事由另一种性别的人来做会怎么样。此外，找一些突破传统性别观念束缚的名人故事，了解他们是如何克服性别偏见的。让孩子通过这些故事增强自信，相信自己也能够做到。

父母可以有意识地向孩子展示无论男女都可以收到鲜花，无论男女都可以下厨房做饭。身体力行地做一些不符合传统性别观念中的男女分工的事。允许孩子自主选择不同款式和颜色的衣服来彰显自己的个性。如果男孩想穿颜色鲜艳的衣服，就让他去尝试；如果女孩不想穿裙子只想穿裤子，就尊重她的意见。

别让孩子想做的事被性别局限。男孩也可以玩洋娃娃，女孩也可以喜欢遥控汽车、玩具卡车等。如果孩子认为女孩只能玩娃娃，男孩只能玩机器人，不要责备或急于纠正，要先和他聊一聊为什么会有这样的想法。然后告诉他，他之所以有这样先入为主的想法，是因为受到了周围人传统思想的影响。

把女孩培养成为创意英才

在父权制社会中，女性一旦生了孩子，比起打拼事业，更多人主张女性的职责是照顾好孩子，协助男性做好贤内助。其结果是，女性把孩子的成功视为自己最大的成就。

虽然当今社会已经发生了很大的变化，但这种观念尚存。很多职场妈妈会因没有照顾好孩子而心生负罪感。而且有一些家长会有意无意地认为在女儿和儿子当中，儿子更有可能在未来成为一名大人物，因此对儿子给予更多的支持。

此外，人们在看待女孩时，比起才能，往往更关注她的外表。甚至有的父母会对自己的女儿说"女孩子这么胖可怎么办啊""你要是割个双眼皮的话就更漂亮了"或是"你再减一点肥会更漂亮"这样的话。这背离了创造力开发的原则，会给孩子的思想造成负面的影响。

怎样把女孩培养成为创意英才呢？父母们要付出更多的努力。首先，父母要坚信自己的女儿是一个优秀的人，一定能够成为一个大人物。父母若想把这种想法传递给自己的女儿，最好去找一些实现了梦想、在社会上获得了成功的女性榜样来激励她们，而不是让她们只视外表美丽的女性为偶像。

女孩创造力的开发其实跟爸爸的关系更紧密一些。有哥哥的女孩比没哥哥的女孩在成长过程中受到了更多的性别偏见。所以在这种情况下，父母，尤其是爸爸，要有意识地用同样的方法去培养女儿和儿子。爸爸要告诉女儿一些工具的使用方法，还可以带着女儿一起在地里种植某些作物。最好能像跟儿子玩耍时一样，带着女儿一起玩接投球或踢足球等身体运动类的游戏。

质疑的态度

培养敢于质疑的孩子

所谓质疑的态度,是指敢于挑战既存的权威或规则,勇敢说出自己的主张。具有无畏态度的孩子在遵守规则的同时,也会思考规则的合理性,敢于提出疑义。想法越独特新奇,反对的声音就越大。因此,孩子想要成为创意英才,需要一些反抗精神来对抗权威和既存的秩序。

缺乏质疑的态度,完全按照大人的指示进行学习的孩子很难成为创意英才。这样的孩子不会埋头专注于自己喜欢的领域,他们会为了所有科目都达到优秀而努力。比起将所学知识应用于实际生活,他们更喜欢以背诵为主的学习。即使他们想在一个领域内积累专业的知识和技能,也很难做到无视或打破规则,从先入为主的观念中脱离出来。

培养不惧质疑的孩子

在专制的环境中，质疑会被视为叛逆。然而，想要培养孩子的创造力，必须允许他用与别人不同的眼光去看世界，勇敢地挑战既存的观念。比如，史蒂夫·乔布斯和斯蒂夫·沃兹尼亚克二人曾发明和出售了可以长距离免费通话的非法装置"蓝盒子"。通过这种大胆的冒险，他们体验了发明创造的力量，这促成了苹果公司的创立。爱因斯坦大学毕业后，同级的物理专业毕业生中，只有他一个人在两年内都没有找到工作。因为平时他总是特立独行，还总挑战教授们的权威，因此没有教授愿意为他写就职推荐信。

给孩子讲讲他们的故事，谈谈他们是如何通过走自己的路获得成功的。告诉孩子，人都害怕被拒绝或讨厌，但不要因此放弃自己的梦想，反而要把这种害怕变成实现梦想的动力。

只要持之以恒地做自己最喜欢的事，总有一天机会会来敲门，命运会来奖赏。但一定要"主动"地等待机会的到来，而不是摊开手什么都不做。鼓励孩子在实现目标的路上不断付出行动，主动去寻找机会。

让孩子懂得如何打破规则

过去，一个人在社会制定好的规则中努力学习，最终从事一项专业类工作，会被视为比一般人成功。但现在这样的时代已经过去了。如今打破规则的叛逆者变成创意英才,改变着世界。

父母要允许孩子对既存的事物提出异议。这是培养孩子与众不同的思考或行动的方法之一。鼓励孩子勇敢地对权威或秩序提出"为什么",对所有人都认为理所当然的规则、理论、知识、制度、习俗或传统提出疑问,一起讨论不合理之处。如果孩子对长辈或老师的决定有疑问,要鼓励他敢于直视长辈的目光,郑重地对长辈提出异议以及建设性的意见。

学习理性地表达自己的意见

父母一定要教育孩子从小学习理性地表达自己的意见,让孩子明白无论何种状况,都不要带着情绪沟通,只有理性的对话才能有效地说服对方。为此,当孩子撒泼打滚、大喊大叫、口吐脏话或是蛮不讲理时,父母必须无视他。只有当孩子慎重冷静地表达意见时,父母才仔细倾听。当父母向孩子表明自己的立场时也要用相同的方式。

和孩子一起练习如何有效地提出自己的主张吧。刚开始可以把父母当作练习的对象。如果孩子和父母持不同的意见,让他提出基于事实的证据,冷静地陈述自己的立场来说服父母。这时,父母要侧耳倾听,并对孩子的意见提出反馈。如果孩子陈述了自己的想法,父母却做出不恰当的反馈或无视他的话,这样的练习是毫无意义的。

父母和孩子必须进行平等的沟通，积累对彼此的信任和尊重。当然，站在父母的立场上，听取孩子的批评或与孩子争论某事可能会有点难以接受，因为这与父母自己的成长方式是很不同的。但为了把我们这一代不曾接受过的创意教育作为礼物送给我们的孩子，父母必须克服困难，从孩子小时候起就和他建立平等的沟通关系。通过这个过程，孩子早早地就能够找到自己的个性，并将自己的个性光明正大地表现出来。这样的孩子，主观意识十分强烈，不会轻易被社会或他人的观点左右。

送给父母的金句

良好的空间环境使孩子在与周围人形成亲密关系的同时,保持个性上的独立,绽放出只属于自己的光彩。

1.将注意力放在感受自我上

让孩子尽量不要做出"那个人会怎么看我?"这样的提问,而要引导孩子发出审视自己内心的提问,如"我做什么事情心情最好?"

2.培养一个有共情能力的孩子

告诉孩子,如果学校里有看起来特别弱小或内向的同学,可以主动和他们讲话,通过一些小小的玩笑和夸奖让同学的心情变好。这样做可以让孩子直观地看到自己的关心能够产生多大的积极作用。

3.为孩子提供能够独立思考的空间

为了帮助孩子进行深度思考,父母需要为他提供一个不被任何人打扰的、只属于孩子自己的空间。这个空间既不能有电子设备,又必须能隔绝噪声。

4. 给孩子提供选择的机会

在决定孩子有关的事情时,一定要让孩子亲自参与,并让他积极发表自己的意见。这样做可以让孩子知道"与我有关的事情,我也有决定权"。

5. 培养一个有主见的孩子

执着的个性与孩子的自我主导意识有关。执着不是"耍赖",而是表达"自我主张"和感情的一种方式。父母不要武断地批评孩子的执拗,而要问清楚孩子执着于某事的原因。

6. 让孩子学会编故事

文字是打开想象之门的钥匙。鼓励孩子展开想象的翅膀,去编一个谁也猜不到结局的奇特故事吧。

7. 支持孩子做出与众不同的行动

请支持孩子与众不同的行动,并告诉他无须为自己与别人不同感到不安。

8. 摆脱传统性别观念的束缚

让孩子从男孩要穿蓝色衣服，女孩要穿粉色衣服之类的固定观念中解放出来。如果男孩想穿颜色鲜艳的衣服，就让他去尝试；如果女孩不想穿裙子只想穿裤子，也尊重她的意见。

9. 让孩子有效地提出自己的主张

鼓励孩子不要一味地服从既存秩序或别人的意见，要敢于堂堂正正且有逻辑地提出反对意见。教会孩子以事实为依据，通过理性的表达来说服别人。

10. 让孩子理解规则

在家庭内部，如果规则或禁止事项太多，孩子会变得善于看人眼色行事，这不利于培养他拥有质疑的态度。和孩子一起制定几条绝对不能打破的重要规则，但当孩子违反规则时，一定要先听听他的解释。

part

2

使孩子看得更远的
ION思考力

创造力的强弱与IQ（智商）无关，只需要孩子有一件自己擅长的事情。因为最有价值的灵感不是某天突然像魔法一样蹦出来的，而是当你成为一个领域的专家时，在专业知识和技术积累到一定的程度后迸发出来的。

一味模仿别人无法实现创新。创新者要用已有的知识和技术去创造既有价值又独特的新事物，而这背后的思考力就是本章中将要介绍的ION思考力。ION思考力是指在框架内思考（Inbox Thinking）、跳出框架思考（Outbox Thinking）和在新的框架里思考（Newbox Thinking）的能力。

ION是由框架内（Inbox）、框架外（Outbox）和新框架（Newbox）三个单词的首字母组合而成。ION思考力可以通过练习形成和提高，想要拥有这种思考力，必须先具备前面提到的阳光、疾风、土壤和空间环境中培养的26种特质。ION思考力由"框架内的专业性""框架外的想象力""框架内的批判力"和"新框架内的融合力"四部分构成。框架内的专业性是指拥有特定领域的知识、技术和经验。框架外的想象力是指在脑海中捕捉到灵感，勾勒出事物模糊的轮廓。框架内的批判力指的是对信息进行客观充分的理解之后，提出解决问题的方法。新框架内的融合力是指用包容的心态看待各种各样的想法，并将它们融合在新的框架中，以提炼出正确的结论。

人们通常把智商高、考试分数高、拥有非凡记忆力或像百科全书那样博学的孩子称为英才。然而，这样的孩子反而很难突破知识的壁垒，很难在创造力方面有所成就。即使有所创新，主要也是在已有的知识或技术的基础上做出改善，取得一些渐进的成果。

　　在孩子的创意英才教育中，ION思考力的帮助比高智商更大。因此，如果从孩子小时候起就注重引导他积累兴趣领域内的专业知识，开发ION思考力，那么孩子就会成长为未来世界所需要的创新型人才，即创意英才。

5
框架内的专业性

一位女士对毕加索说，
只要毕加索为她画一幅画，她愿意付出任何代价。

毕加索画完之后这样说道：
"要1万美元。"

女士大吃一惊："可是你画这幅画才用了不到30秒啊？"

毕加索这样回答她：
"瞧您说的。我在画这30秒的画之前，花了40年的时间练习。"

培养创新者的专业性

很多父母误解了"专业性"这个概念。他们认为孩子年龄尚小，不适合培养其专业性，或是必须在大学里拿到硕士或博士学位才算是具备了专业性。然而，事实上专业性的"根"在孩子小时候就形成了。

所谓专业性，并不是指拥有广泛的知识或学习成绩突出，而是在某一个领域内掌握深层次的知识。但是，很多人认为只有博士或教授才是某个领域的专家，这间接造成了一些不合理的做法。最典型的例子是，从未参与过英才教育研究的数学等科学领域的教授却开办了英才教育的相关课程，或是直接担任了大学附属英才学院的院长。这类外行的"填鸭式"的超前教学让学生完全失去了对于数学等科学的兴趣。这样的案例已经不是一件两件了。

专业性不是天生的,也不是通过朝夕的努力就能积累起来的。虽然孩子的想象力比成人更加丰富有趣,但持续的想象力则是在个人掌握的知识和经验的基础上产生的。因此,知识和经验条件受限的孩子,专业性程度较低,想象力的幅度也更窄。

摆脱把先天能力视为创造力源泉的传统观念吧。有些孩子早早就学会了从周边的环境或人身上进行学习。这种独特的学习模式使他们的脑神经变得发达,并形成了生理习惯。这就是引导孩子激发潜能的方法。耐心地等待孩子自己展现出特别的才能,在孩子满3岁之前就开始刺激他的灵感吧,让他跟着自己的好奇心愉快地去学习。若孩子在将来能够将自己在3岁之前爆发出的想象力与青少年时期发达的抽象思维结合起来,便有机会成为改变世界的创意英才。

每个孩子在兴趣和适应性等方面都有差异。无视这种差异,让孩子竭尽全力参加雷同的考试的做法,不利于培养孩子的专业性。尽管如此,大部分的父母还是会怀着诸如"别人都学,只有我们不学真的行吗?""以后如果只有我们家孩子看起来差劲,或者只有我们家孩子不成功的话怎么办?"这样的不安,使父母替孩子把波澜万丈的未来替换成了千篇一律的平凡日常。当孩子不明白为什么要做自己根本不想做的功课时,家长总会用"没有人是因为学习有趣才学习的,大家都是不得不学的"这样的说辞来逼迫孩子。在只重视眼前结果的环境中,努力超前学习的孩子看起来会"很聪明"。然而,一次性学习太多内容的孩子,集中精力做一件事的能力会下降。

孩子需要一些"父母给的勇气",使自己跳出竞争激烈的泥潭,从而有机会将所学的书本知识尝试着应用在实际生活中,或是自由地表达自我。

孩子在框架内跟随或模仿既存规则的同时,能够通过运用记忆力、理解能力和应用能力来提升自己的专业性。根据孩子自身的个性和适应性进行专业性教育的过程应当遵循以下步骤。

- 保持对某一个主题的好奇心。
- 在学习与这个主题相关的知识和技术的过程中感受到兴趣。
- 利用专注力和系统整理的方法培养记忆力。
- 培养理解力,要达到能够把自己学到的东西完整清晰地向他人进行解释说明的水平。
- 将自身已经消化的知识和技术应用到新的实际情况中去。

培养记忆力

记忆力,是指接触到知识或技术后,在脑海中对其进行整理的能力。记忆力是最低水平的思考能力,但若想要具备更高水平的专业性,更强的记忆力是必备因素。培养记忆力的方法有三个。

第一,让孩子找到能够帮助自己很好地背诵某个东西的"方法"。为此，父母在孩子小的时候起就可以和他经常玩一些文字游戏。比如，使用一个固定的字去写有趣的话、句子或歌曲。还可以玩复述游戏，让孩子把自己读过或听说过、经历过的事情复述出来。幼儿园里玩的"传话游戏"也有助于记忆力的培养。如果孩子读小学了，要引导他养成一个习惯，那就是将学到的内容简单记录在笔记本上，系统地整理出来，然后进行整体浏览。具体的方法是，在笔记本左边记下重要的核心词汇或把核心内容画出来，在右边展开书写详细的内容。这能够帮助孩子对事件和信息进行整体浏览和记忆。让孩子专注于眼前具体的事情，把细节逐一记下来。也可以通过反复读写的方式把要记的知识点背下来。

第二，培养孩子的时间管理能力，教会他系统整理目标的方法。首先，让孩子以3年、1年、6个月为单位定下长期目标，然后再以1个月或1周为单位定下短期目标。让孩子至少写出或画出三个自己定下的目标，一旦制定了周目标，就要在一周时间内完成；制定了每日目标，就在每天睡前完成。最好能把写下或画下的目标贴在显眼的地方，或是存在手机里，然后在1周内不时地提醒孩子看一看。相比文字，看图或照片对于记忆更加有效。因此，如果孩子的目标是"读书"的话，可以让他画一张书的图片或者用书的照片来提醒自己。

此外，还可以让孩子按照待办事项的顺序对周边环境或物品等进行整理。将整理时会用到的工具都放到一处，把可能妨碍事情进行的东西收到看不见的地方。引导孩子养成每当结束一件事就立刻进行整理的好习惯。

在实施这个学习法之前，提前和孩子就每天的待办事项和整理方法进行商议并制定规则。

第三，告诉孩子如何通过丰富的经验去记录和记忆不同的信息，以及怎样把不同的经验联系起来。要让孩子接触到多种多样的主题，多看看在艺术或科技等不同领域中发生过的历史事件或当先正在发生的事件，并让孩子从中找出它们的关联性。

培养理解能力

理解能力，是指在学习知识或技术的过程中，完全消化所获取的所有信息的能力。"理解"是带着问题去寻找答案的过程：某个事物或事件到底是什么，到底是怎么进行或发展的，以及原因等。从幼儿时期开始，只要是孩子学过的东西，无论是什么，都请把它转化成让孩子更容易理解的语言、文字或图画，并进行说明。通过这样的方法，孩子可以彻底理解某事的特点或发展过程，并将这种方法应用于其他情况或新事物中。

我推荐和孩子一起玩卡片或国际象棋等棋牌类游戏。在这一过程中，可以引导孩子通过深思熟虑想出一步高招，或是努力思考如何让游戏不断进行下去，而不是把重点放到获得胜利上。此外，如果孩子学习了新的钢琴曲目，父母最好能和孩子一起去查找这支曲目出自哪位作曲家，创作背景是什么，为什么某一小节的演奏力度要更弱或者更强，让孩子自己思考探索该曲目的演奏方法。如果孩子是高年级学生，父母要引导他把在学校学到的知识转化为模型、图表、坐标、时间表、年表等多种形式，向他人展示或讲解。

培养应用能力

应用能力，是指把在培养理解能力的过程中获取的知识、技术和信息应用于其他问题、课题或实际生活的能力。所有孩子都能够通过充分的练习获得这种能力。比如，在学习如何骑自行车时，无论在脑海里模拟多少次，都不如实际骑上去摔倒一次学得快。同样地，要想缩短培养孩子应用能力的时间，就要给孩子创造足够多的机会，让他能够将书本上的知识在现实中进行实践。只有把知识和生活联系起来，孩子才会对学习产生真正的兴趣。因此，相比只会死记硬背教科书上的内容，更重要的是让孩子明白自己为什么学习，学到的知识又可以应用在哪里。

做好了这些准备，孩子就可以向着清晰的目标有计划地进行练习。当孩子进行了多次的练习之后，父母最好能为孩子提供舞台、剧场、展厅或实验室等公共场合，让他能够展示自己练习成果的机会。因为只有和别人交流自己失误或失败的经历，才能接触到各种各样的意见，从而获得处理不同情况和问题的应用能力。

想要让孩子的应用能力得到提升,请先让孩子尝试思考下列几个问题吧。

· 我通过什么方式学到了什么?学到的知识可以怎样应用到我的生活中?

· 能否在我的实际生活中找到与学到的知识有关联或相似的真实事例?

· 如果我有机会采访自己兴趣领域内的专家,会向他提出哪些问题呢?

只有从小就在周围环境中看到和听到很多的词汇,孩子的学习能力才会得到发展。孩子身边的人如果不对孩子使用词汇丰富的语言,而只是使用"儿语(baby talk,专门针对婴幼儿使用的没有语法意义的话)",则无法促进孩子学习能力的发展。大人的每一句话都影响着孩子终身的学习能力。

在孩子的创造力开发方面,需要父母的行动力,也就是为培养适应新时代要求的新英才而开展教育的行动力。只有在自由和宽松的氛围中,孩子才能找到自己真正想要的东西和兴趣所在。在家里为孩子打造能够自由地想象、愉快地思考的环境,不仅能够激发孩子的创造力,还能让孩子自由、从容地去探索自己喜爱的事物。

送给父母的金句

所谓框架内的专业性,是指在特定领域,即"框架内"包含的有深度的知识、技术和经验。而提升专业性就是把自己喜欢的事情做到擅长。想要提升专业性,请通过培养孩子的记忆力、理解能力和应用能力来培养其思考力。

1. 培养记忆力

让孩子把精力集中在眼前特定的事物或现象上来,倾听或记住每一个细节。

· 记住某句话的意思、某个事实或某些信息,然后反复读写。

· 帮助孩子对复杂的内容进行阅读、写作、解释和重组,使其完全理解。

2. 培养理解能力

只要是孩子学过的东西,无论是什么,都请把它转化成让孩子更容易理解的语言、文字或图画,并进行说明。

在解释发生了什么事情，某件事正在如何进行，或是需要对原因进行概括时，让孩子用自己的语言或文字来表达。

3. 培养应用能力

请引导孩子在每次学习的时候思考以下问题。

·我通过什么方式学到了什么？学到的知识可以怎样应用到我的生活中？

·能否在我的实际生活中找到与学到的知识有关联或相似的真实事例？

·如果我有机会采访自己兴趣领域的专家，会向他提出哪些问题呢？

6
框架外的想象力

作家J.K.罗琳在小时候起就展现出了她
与众不同的"想象力"。
她常把"让我们来想象一下，如果我们变成……"这句话挂在嘴边。
《哈利·波特》的创作灵感，
正是诞生在她往返于曼彻斯特和伦敦之间的火车上。

打造创新者的想象力

如果能在具备专业性的基础上还拥有想象力,就有可能成为创意英才,即创新者。想象是超越时空的限制,创造新形象的心理过程。想象力是将头脑中储存的基础材料打乱混合后跨越既存框架,开启全新可能性的钥匙。

从想象力中诞生的想法是不同于一般想法的奇思妙想,很容易被认为是莫名其妙的想法。但是,包括幻想在内的想象力是创意性思考的核心中的核心。今天的幻想很可能就是明天的现实。电脑,网络,智能手机,视频通话,无人驾驶汽车……这些都是从某个人的幻想开始的。

很多父母更希望让孩子去做一些能够获得别人认可的事,而不是让孩子花时间去"幻想",他们认为这是"懂事"的表现。于是,孩子总是处在忙碌中,看别人的眼色行事,只为取得一个大家眼中的好结果。这使孩子失去了悠闲地躺在草坪上，望着飘浮在空中的云彩，尽情想象的机会。也有可能导致孩子成为一个沉迷手机和网络视频的人。

父母必须给孩子留出独处的、无所事事的时间。只有在闲暇时，孩子才有机会在脑子里幻想很多东西。从我小时候起，我的母亲就非常乐意倾听我那些无用的想法和问题。不，不仅是倾听，她还会鼓励我顺着自己的思路联想出更多的东西。与此相反，我在学校里什么问题都问不出来。因为当时一间教室里有多达70名学生，就连跟课堂内容相关的提问几乎都不被允许。写作文也只能写些关于孝道、防火或节约资源这样的主题，并没有机会尽情地写我自己的所思所想。当然，即使是现在的学校也不会有太大的不同。

美国的学校则会为学生提供充足的机会，让他们以所学知识为基础，尽情地展开想象的翅膀，拥有充分自由思考的时间。有一种文学类型叫作"纪实小说"，是在事实的基础上加以虚构组合而成的文学作品。电影和小说也要以一定的科学性和真实性为依托，才能引起更多人的兴趣。同样地，与其让孩子盲目地表达自己的想象力，不如在课程结束后给孩子留出一定的休闲时间，让他在所学的课堂知识的基础上尽情幻想，写成作文，这样能使孩子产生更加浓厚的兴趣。

读书比参加课外辅导班更能培养孩子的想象力。犹太人敬书

6 框架外的想象力

爱书,甚至被称为"带着书生活的人"。

我的母亲虽然过着十分艰苦的生活,但却非常喜爱阅读包括《圣经》在内的众多书籍。母亲能够背诵的《圣经》中的句子甚至比牧师还多。我从未见过母亲看电视,她总是沉浸在读书中,我也自然而然地认为书是"有趣的东西"。托母亲的福,我也在教会或学校里借了很多书来读。有一次,我在读了安徒生的童话《海的女儿》之后,对失去声音的公主好几次想对王子说出真相却做不到的故事情节深感悲伤和惋惜。于是,我把这段内容一遍又一遍地讲给母亲听。母亲从不表现出厌烦,总是认真倾听着我的故事。

孩子读完书后将所思所感分享给父母的习惯,对培养想象力是非常有帮助的。还可以引导孩子多想一想,如果按自己的想法改写《海的女儿》,故事的结局会发生怎样的改变;如果人鱼公主和王子除了会游泳之外还会飞,故事又将如何发展;如果故事里的人物们性格大变,故事情节又会有何不同;等等。通过这样的提问引导孩子不断拓宽想象的边界。

观看电视或网络视频时,所有的东西会具体地显示在画面中,所以孩子会被动地接受其中传递出来的信息,几乎不需要在脑海中勾勒画面,想象力的发挥空间十分有限。相反,通过阅读和口头讲述得到的信息必须通过想象才能在脑海中勾勒出人物、状况和背景等画面,这样的方式能够使记忆更加持久。因此,经常阅读寓言或科幻小说等非写实类书籍的孩子,比不读书的孩子或只读纪实类书籍的孩子迸发创意的概率高得多。当今数一数二的科学家大都是科幻小说迷，大概也是与此有关。

已经培养出"框架内的专业性"的孩子，如果能在自己擅长的领域中充满自信，进一步提升想象力，便可以培养出一种敏感性——能够帮助孩子一下子感知到自己此前未能察觉到的不足、矛盾和问题点。想象力并不都是一样的。根据参与活动的不同，培养出的想象力的种类和发挥想象力的方法也是不同的。下面我们就来详细地看一下吧。

自由自在地想象，培养灵活的想象力

灵活的想象力是指不拘泥于他人目光，也从不犹犹豫豫，能够自由地提出很多想法的想象法。想要培养灵活的想象力，可以进行下列十项活动。

第一，不要沉浸在特定的创意中或为想法的"质量"下判断，先把精力集中在"量"上，让尽可能多的创意即兴地迸发出来。当孩子在面对某个课题时，若想要产生尽可能多的创意，最好能够通过连续不断地写或说将想法表达出来。此时，不必苛求孩子所使用的语法、逻辑、拼写等是否正确，只需让他把与主题相关的想法随心所欲不加限制地写出来即可。

当孩子处于不用看他人眼色行事，身心充分自由的状态中时，灵活的想象力才能最大限度地发挥出来。因此，父母一定要坚持

培养孩子即时行动的态度。当孩子面对某个课题或问题时，引导孩子不要马上陷入深刻的思考，而是先用幽默乐观的态度轻松地去应对，或者把它当作一个有趣的游戏。

第二，父母要帮助孩子从小养成一个习惯，那就是当脑海中突然浮现出灵感的时候，要迅速捕捉它并记录下来。爱因斯坦为了想出好的点子，经常一个人去划船。他根本不会游泳，也几乎不穿救生衣，却会随身携带纸笔。问题越是难解决，就越容易在不想那个问题时，或是其他完全预想不到的时刻迸发出灵感。如果不立刻把它记录下来，灵感会在短时间内突然消失。这个习惯对于成人同样适用。

经常提醒孩子把钢笔、铅笔、写生簿、便条纸、智能手机或笔记本电脑等带在身边，养成及时捕捉并记录灵感的习惯。把自己脑海中闪现的创意按照名称、类型等做成摘要栏进行记录，方便日后将内容进一步扩展或是做详细注释。父母可以每个月查看一次孩子汇总的创意，给孩子提出能够将这些创意具体化的意见或建议，然后帮助孩子采取具体行动。

- 进行散步、登山、淋浴、听音乐之类的活动时更容易激发灵感，要多给孩子创造这些能够捕捉灵感瞬间的机会。
- 帮孩子交个好朋友。找一个能够与他分享各种奇思妙想的人，在共同度过愉快时光的过程中，彼此都能够更加自由地思考。

如果暂时没找到这样的朋友，那么和父母或兄弟姐妹分享也是不错的选择。

第三，要经常带孩子到树林、博物馆、剧场、动物园、江河、山野、大海、公园等这些和日常生活环境差异很大的特定环境中去，让孩子远离噪声、他人想法和影视媒体等干扰因素，并能够感受到静谧与安逸。利用新环境激发孩子进行更多不一样的思考，如到郊区品味大自然的美、声音或香气，或者欣赏艺术作品、演出等。

第四，定期改变周围环境，或是隔段时间就改变一下房间里家具的摆放方式。即使是在同一栋建筑里，在客厅、庭院或阳台等不同的空间之间持续地变换学习场地，也有助于刺激新创意的产生。

第五，尽量减少参与像电子游戏那样有着明确规则的系统化、定型化的活动，要多进行没有标准答案的活动。比如，为孩子提供参与音乐、美术、舞蹈、写作、摄影、发明、模型制作或拍视频等活动的机会，让他们能够尽情地表达自我。不要让创作活动的过程变成孩子单纯的休息时间或浅尝辄止的兴趣爱好，而要让它成为孩子日常生活中的重要组成部分。给孩子看各种各样的照片或图片，让他尽情地讲出自己的感受吧。或是让孩子在纸上用涂鸦表达自己的想法和感受。还可以选择玩变形和涂色的游戏。

第六，要打破现有的规则，思考在重复的日常生活中可以创

6 框架外的想象力

新的部分。引导孩子思考一些化繁为简的方法，针对具体问题，提出与现有解决办法完全不同的办法或与别人完全不同的方案。也就是让孩子拒绝维持现状，不断摸索新思路和新方法。

孩子想出的点子实际上有可能是完全没用的。但请不要急于数落他，一定要先和他一起找到这个点子无法实现的原因。不能让孩子因为感觉到"错了"而畏缩不前。需要一个良好的氛围，能够使孩子毫无顾虑地讲出自己的想法，哪怕这个想法非常奇特。

第七，在家里打造一处孩子专属的空间。用与孩子的兴趣爱好相关的、承载美好回忆的物件或是写有梦想的黑板做装饰，打造孩子的创意空间，帮助孩子养成在这个空间里进行创作的习惯。

第八，鼓励孩子把自己面临的问题告诉别人，并征求别人的意见。即使这不是明确的解决之策，但别人的一句话有可能会带来全新的灵感。不过，如果交流小组的成员之间因关系过于亲密而产生相似的想法，会对判断和决策造成不利影响。因此，在讨论时可以刻意提出一些反对意见，让成员们能够从不同的角度去思考问题。

实际上，去更多不一样的地方见更多不一样的人，对孩子来说非常必要。在避免身体和精神受到伤害的情况下，即使是不好的经历也比没有经历要好。

第九，如果孩子能够很轻易地提出与众不同的意见，那么最好营造出让他能够感受到尊重的氛围。让孩子去阅读风格完全不

同的图书,或是保证让他每天学到并能正确使用一个新的词汇。抛弃一定要发明新东西才算是创新的想法,引导孩子对既有的事物进行改造,从而制作出更好的东西。

第十,若想要消除孩子对于失误的害怕和担心,可以和他就以下问题展开问答,并鼓励孩子尽力回答。事先确定好一定的时间或将要回答的问题的数量后再开始。在到达规定时间或数量之前,不要停下来,试着一口气完成。

·思考怎样为失聪人士解释大海的声音,想出的方法越多越好。

·假设要卖掉自己眼前的某样东西,请想出一个好的理由来说服买家。

·想想生活中最常使用的物品有没有其他完全不同的用途。

·只用形容词来表达"开心"。

·只用名词来表达"奇怪的"。

·怎样花掉1亿韩元?有哪些寻常的花法,又有哪些奇特的花法?

多角度思考,培养发散的想象力

发散的想象力能够帮助孩子从多种不同的视角去思考所面对的问题或课题,甚至常见的物件或情况。拥有发散的想象力的孩子,能够打破自己或别人的固定思维,从新的观点或与别人完全相反的观点去看问题。

6 框架外的想象力

想要完成创新,就要"与众不同"。因此,用发散的想象力思考出完全不同的创意就显得十分必要。然而,想要拥有发散的想象力,必须以前面提到的灵活的想象力为基础。因为只有先产生非常多的想法,才有可能从中诞生出完全与众不同的构思。

想要从不同的角度或全新的观点对事物展开想象,可以试着和孩子进行下列八项活动。

第一,在培养发散的想象力时,尤为重要的是要对自身的感情、想法、经历等进行仔细回顾和深度思考。没有经历过任何深度思考或重塑的理论、知识、技术等,都将很难进步。想要实现创新,需要调动发散的想象力,练习从不同的角度或全新的视角去看待和思考事物。如果孩子曾经在幼儿园或学校里和朋友玩的过程中产生过某些问题,可以让孩子回到当时的现场,思考一下如果问题发生在现在,要怎样去解决比较好。虽然是过去的经历,但还是要练习对其进行反复的思考。

第二,《战马》这部影片讲述了从马的视角看待人类战争的故事。试着从人或动物、事物等不同角度去观察并讨论某事。比如,"如果我们家的钟表可以看到我的家人的话"。有必要进行一些从不同角度看事物的练习,如坐在每次都放在不同位置、面向不同方向的椅子上去观察人或事物,或是尝试躺在地板上观察平时总是坐着看的东西等。还可以把某些设计、照片和图片反过来看,或从其他新的角度去观察。比如,玩一些需要调转各个角度才能完成的拼图游戏。

改变某些物体的制作材料、制作方法、制作过程或功能,并思考能够替代它的材料和制作方法等。比如,想象一下除了橡胶,能不能用其他材料制作汽车的轮胎,或是能不能把圆形车轮换成其他形状等。

第三,爱因斯坦、史蒂夫·乔布斯、纳尔逊·曼德拉等创新家们都喜欢跟与自己不是同辈的专家进行专业交流。孩子们也必须与自己不同辈的人交朋友,并谈论自己的想法。

第四,假设孩子要去参加某学校的入学面试。不要让孩子思考如何成功地通过面试,而要给他一个机会思考一下使面试失败的方法。让孩子想一想,相比成为一个好的朋友,怎样会成为一个"最坏"的朋友。还可以让孩子尝试着站在与常人的想法相反的立场上去思考某些情况和问题。

第五,假设某些问题发生在其他星球、国家或地区会怎样,还可以想象未来会发生的事。这是将自己的视角分为过去、现在和未来后,站在不同时空的角度上对故事进行的重构。

第六,告诉孩子不要对少数者带有偏见或给他们贴标签,要和他们成为朋友,站在他们的背景和视角去理解问题。和公交司机、清洁工等平时很少在一起聊天的人进行交谈,从他们身上学习到有益于自己的东西。

第七,不仅仅是好的想法,有些"麻烦"也有可能会被用于各种新的用途。比如,运营染料公司的化学家卡尔·杜伊斯贝格(Carl Duisberg)发现染料制作所产生的难以处理的废弃物与当时的退烧药安替比林的成分很相似。最终,在经过长时间的研究之后,比安替比林效果更好的退烧药阿司匹林诞生了。

第八,在进行创意练习时,让孩子就肉眼可以看到的学习用品、建筑材料、饮食或颜色等具体事物发表意见。然后再围绕肉眼看不见的如爱、友情、悲伤、高兴或和平等抽象概念进行谈论。此外,还可以通过专利局找到孩子兴趣领域内的专利发明,刺激孩子产生新的创意。

暂时放下自己喜欢的图书类型,选择一本陌生题材的书来阅读也是个不错的选择。电影也是一样,选择一个自己平时不看的电影类型来看。或是为毫无特别之处、十分日常的事物或事件赋诗一首。还可以尝试用日常的物体代替某样家具,或干脆重新制作一件家具。

突发奇想地思考,培养独创性的想象力

独创性的想象力是一种能产生奇思妙想的想象法。想要开发独创性的想象力,需要具备不急于判断或决定,能够耐心等待的开放态度和积极态度。"等待"之所以重要,是因为奇思妙想往往诞生于一般常见的想法之后。通过即兴和乐观的态度产生各种各样的想法,再在开放态度和积极态度的推动下持续构思的

话,最终就会碰撞出奇特的创意。此外,如果孩子拥有深度思考能力、与众不同的态度和无畏的态度以及开放式心态,将会涌现出更加独特的巧思。即使不是来自新角度或新类型的想法也有可能是具有创意的,但非独创性的想法一定是没有创意的。

那么,如何培养孩子的独创性的想象力呢?想要培养独创性的想象力,最好能够为孩子营造以下三种环境。

第一种,为了孩子情绪和心理上的稳定,要为他营造经常能够见到自己熟悉的人、事、物的环境。跟孩子玩角色扮演游戏,扮演与孩子思考方式完全不同的人或与孩子观点迥异的人。如此一来,孩子就能够在熟悉感与陌生感之间掌握平衡。此外,带孩子经常去看望包括爷爷奶奶在内的老人,学习他们的经验、观点和思考方式也是很有益处的。

第二种,孩子在做课题时要尽量尝试多种方法,或是在穿衣打扮上要尽可能尝试多种风格,这样才能更好地认识和把握自己的喜好。通过开发独属于自己的个性,找到说话风格和肢体语言,才能形成与众不同的面貌。这并不是说为了要"和别人不同"而故意强迫自己变得不一样,而是进一步凸显自己固有的个性、价值观、兴趣爱好和风格。想要做到这一点,可以尝试下列做法。

· 与其买市面上的成品,和别人用一样的东西,不如试着用回收物品制作只属于自己的首饰、服装、包或小物件。

- 如果孩子对时尚不感兴趣，那么就让"不感兴趣"这件事本身成为他的个性。
- 尝试人气不高的运动项目或是为运动项目制定新的规则。
- 带孩子经常逛美术馆，让孩子接触很难使人感兴趣的抽象艺术或超现实主义作品。
- 在做课题时一定要体现出自己的个性，如在课题中加入自己的署名，代表自己的象征性标志或是能够表达自己个性的短句，让别人很容易通过这些特征认出这是自己的成果。

第三种，尝试着只使用否定词汇来描述周围的事物、动物或人所具有的长处，或是只用正面词汇来描述他们身上的缺点或短处，来刺激孩子提出独特而又奇特的想法，拓展独创性的想象力。比如，让他寻找智能手机最奇怪的用途，以及说出没有智能手机时的优点；将汽车和意大利面做对比，用它们相互打比喻；想出一个最奇特的巧克力吃法等。这都有助于刺激孩子的独创性思维。此外，让孩子说出五件从未尝试过的事情或五个从来没有触摸过的东西，听听他给出的原因，或让他用否定式的句子描述最好的朋友的优点。还可以问问他，同一个教室里的孩子中，谁是最特别的，并陈述理由。在以上所有的过程中，孩子的观察能力和思考能力会随着独创性的想象力一起得到提升。

想象力能够培养解决问题的能力

如前所述,如果能在培养专业性的同时拓展想象力,基于孩子所掌握的背景知识,就能够产生使孩子察觉到别人未曾察觉之处的敏感性。这种敏感性就是"问题识别能力"。想要培养孩子的问题识别能力,父母就必须引导孩子关注身边发生的事情或变化,并能够从中找出有用的信息。

更进一步地说,孩子不仅要关注自身感受到的问题,最好还能关心其他人提出的问题,并在日常生活中主动去寻找大大小小的问题。然后,再去了解解决这些问题的方法。如果想要发现别人发现不了的问题,可以进行以下练习。

第一,找出不容易看到的东西或别人注意不到的东西。针对别人完成的艺术作品或技术性的创作,用语言或文字表达出自己的看法和感受,并跟他人的感受进行对比,找出相同与不同之处。

可以从某件商品的广告中找到它的优势,并为孩子购买该商品,然后让孩子将真实产品与广告进行对比,找出差异。

第二,找到隐藏的事物。寻找隐藏在物体中的形状、文字和意义等,这类活动有助于提高孩子的敏感性。除此之外,拿两张相似的图片找出其中的不同,或是找一些颜色、动作或形状上很容易让人产生错觉的图片与孩子一起讨论,这都是不错的方法。

第三,找到某些物品或事物中不必要的部分,将其缩减或干脆去除掉。

第四,对于眼睛看得见的东西,要能想到它不为人知的一面。有些问题可能只是更深层次或更大问题的冰山一角。孩子在画一幅大的画作时,首先要把握整体的形式和画中要素的关系,找到重点。比如,回顾照片或日常生活,找出其中看不见的部分。或者想象自己变身为透明人,在仅有的一天时间内如何去帮助他人。这样的练习能够使孩子拥有在任何情况下都能看到事物的表面问题和内在问题的能力。

独自构思和交流构思

想要通过想象力取得有创意的成果,与他人一起交流构思是必不可少的。当孩子充分利用时间,全身心地投入构思,就能最大限度地激发他的创造力。

首先进行独自构思,然后在理解同类课题或问题的同时,听取一些有着不同背景、不同专业领域和不同思考方式的人的想法。如果用更宽泛的视角交流构思,就能够把彼此的想法结合起来,这也有助于培养协作精神。

在孩子进行构思之前,最好能让他做些简单的身体运动,如体操、拉伸或轻快的舞蹈,让身体放松下来。即使只有5分钟的"身体放松",也能够促进血液循环,刺激大脑产生更多即兴的构思。然后让孩子在纸上或便利贴上写下自己的构思或是直接用语言表达出来。围绕下列三种想象的方法,让孩子独自去构思。

- 灵活的想象力:产生最多数量的构思
- 发散的想象力:产生最多种类的构思
- 独创性的想象力:产生最奇特的构思

在独自构思或交流构思时,孩子的精力最好集中在具体的目标上。如果把精力集中在每个小目标上,孩子就能更容易地向别人传达自己的构思。

在进行集体交流时,必须设置一个主持人。主持人需要把所有参与者的构思逐一大声朗读出来并做记录。此时,主持人不可以妨碍大家的构思,或是对构思内容进行评价和判断。即使是奇怪的、天马行空的构思也要给予鼓励,这样才能使孩子积极地展开更多思考。

6 框架外的想象力

不采用"头脑风暴"的方式，不要总提出和别人相似的想法以避开争论和冲突，而要学会充分表达具有建设性的意见。这里的意见不是针对"人"，而是针对人所提出的"观点"。通过这样的交流，随着争论和冲突的深化，孩子可能会改变原先的想法，或是激发出新的观点，帮助他进一步展开构思。

孩子需要认真倾听和分析别人的构思，然后与自己的构思进行比较。这样做可以使不同的构思相互碰撞，以产生更具独创性的构思。

可以利用电影、喜剧、音乐和美食等培养孩子的积极情绪，如高兴、好奇等，这有助于提高孩子洞察问题的敏感性。但积极情绪可能会助长散漫，削弱专注力和韧性，而消极情绪也不是一无是处。因此，应该根据构思的需要来灵活地调动不同的情绪。利用积极情绪去刺激孩子框架外的想象力，利用消极情绪去提高框架内的思考力和批判力。

独创性的构思通常是在平淡无奇的构思之后出现。在构思活动中即使已经出现了独创性的构思，构思活动也要继续进行下去，直到收获第二个、第三个独创性的构思。

啊哈！有了！

如果过度专注于某个问题，会产生太多不必要的压力，这些压力会让思维被禁锢在框架里，会让心情和精神变得不自由，从而妨碍潜意识。只有在意识休息时，潜意识才能跳出框架来发展想象力。潜意识可以说是意识背后的搜索引擎。潜意识能够对已拥有的知识、技术或经验进行搜索，把它们和尚未分类的新信息进行比较，找到相通的部分，将原本无关的信息串联起来。这样，我们就更有机会迎来创意构思灵感乍现的时刻——"啊哈！有了！"

要想迎来"啊哈！有了"这一美妙瞬间，需要具备两个条件。第一，要全身心投入其中，并且不惧失败。第二，埋头苦思之后，必须要放松片刻，可以进行一场幻想或好好睡一觉。"啊哈！有了"是在自主学习、练习和规划之后产生的，不是天生就有的，也不是幸运的产物。想要收获"啊哈！有了"这个灵感乍现的时刻，就需要按照下面的步骤来做。

连接

要善于分析各种模式或关系，寻找它们的相似点或不同点，在大脑中打造能够充分记忆和想象的知识结构。不要让信息孤立而零碎地散落在大脑中，要采用一些整体性的原则或方法把这些信息串联成一个长长的环。比如，逐个背诵英语单词不如阅读英语绘本或小说，让单词随着故事一起被记住。在人类大脑中，通过对话储存下来的信息要比零散的信息储存得更久。为了找到这样的连接环，进而发挥潜意识的作用，则需要关注在概念上看似距离较远的多种专业知识之间的联系。此外，运用复合型思维和深度思考能力进一步完善与目标相关的构思，需要一定的专门用来独自思考的时间，使完全不同的感觉、记忆、想法、感情和概念能够连接起来。

沉浸

孩子必须将明确的目标意识、坚持到底的精神和坚韧的意志力专注于具体的目标上，并彻底沉浸其中。实现全身心的沉浸，才会促使潜意识在休息或幻想时也指向目标。还要通过提高自我效能感建立自信，增强不屈的意志，不向失误或失败低头，并从中吸取经验，继续向前走。不要当夜猫子，做一个早起早睡的人，最好养成在早晨学习新的知识或技术的习惯。如果在学习的过程中遇到了阻碍，不要放弃，可以先暂停一下，或者换些简单的课题来做。

休息

比起固定的思考模式，"啊哈！有了"更容易诞生在灵活随性的思考中。有时候，过于紧张的意识会将更好的想法堵在路上，导致目标无法实现。因此，需要通过适当的休息使大脑放松下来。

在沉浸思考后的休息过程中，坚韧的意志力会让潜意识代替沉浸思考，努力地去达成目标。

帮助孩子培养以乐观心态看待任何事的习惯，提升能够产生"啊哈！有了"的自我效能感吧。也就是说，要让孩子自己学会减轻压力，时刻秉持积极的态度。只有这样，潜意识才有更多的机会对大脑中储存的信息进行更加广泛和自由的搜索。用感性思维和积极态度完全抛开身体和精神上那些过重的压力，通过散步、运动、画画、沐浴和旅行等休息的方式去感受安定、幸福和快乐等积极情绪。

幻想

"啊哈！有了"通常是在幻想时产生的，因此在进行简单的课题时，要留下一定的幻想时间。通常不是按照意识定下的规则或逻辑来幻想,而是以更自由的方式进行。因此,练习幻想能让潜意识学会跳出惯性的思考和陈旧的逻辑等妨碍要素,随性自然地展开构思,探索解决之策。告诉孩子,如果被难题困住脚步,不要轻易放弃,试着开始自由思考和幻想,或做些简单的课题放松一下。

深度睡眠

当有些问题怎么都解决不了时,干脆忘掉一切,好好地睡一觉。只是在睡觉之前必须要通过思考或交谈把目标深深地植根入意识中。别忘了睡前在床边放好纸笔,以便在凌晨短暂清醒的时刻捕捉"啊哈!有了"的灵感。

孩子的想象力既能够帮助孩子走上创意英才之路,也能帮助孩子找到未来的答案。培养孩子的想象力和创造力是所有父母的心愿。然而,如果只有校外教育,无论怎样培养孩子的思考力,当孩子回到家时,所有在外面产生的想象、乍现的灵感和通过交流碰撞出的想法都容易烟消云散。家是孩子一天当中度过最长时间的地方,如果家中不能营造出合适的环境,一切做法都将只是对时间和精力的浪费。父母应当先从沟通方式、家庭氛围、家庭活动等方面做出改变,给孩子提供适宜的环境,让孩子能够习惯性地牵引出五花八门的奇思妙想。

送给父母的金句

帮助孩子利用好奇心培养与众不同、突破"一般框架"的想象力吧。

1. 在专业的基础上添加想象力

要想成为创意英才,需要三种想象力。灵活的想象力、发散的想象力和独创性的想象力。首先,通过灵活的想象力产生尽可能多的想法,并通过发散的想象力产生角度丰富的观点。而创新的关键——独创性的想象力则能够催生奇思妙想。

2. 自由自在地提出创意吧

灵活的想象力能够使人不顾及他人眼光,自由自在地提出众多想法。引导孩子不要在意想法的"质量",而要尽可能地帮助孩子提出更多想法。

3. 跳出固定的框架来想象吧

发散的想象力能够帮助孩子从多种不同的视角去看待问题，包括平凡常见的物件或情况，能从多个角度去构思，产生不同类型的新想法。

4. 和其他人一起交流自己的想法吧

想要通过想象力取得有创意的成果，与他人一起交流自己的构思是必不可少的。当孩子有充分的时间全身心投入，最大限度地构思出成果并和其他人进行交流之后，孩子的创造力就会发光。

5. 全身心投入之后请休息

瞬间的灵感"啊哈！有了"往往是在沉浸思考之后的休息时间中乍现的。当孩子的意识最大限度地沉浸在问题中，一段时间之后，要让孩子暂时忘记它，好好地休息一下，在休息过程中潜意识便会代替意识，努力地为达成目标而开启幻想。别忘了一个事实，那就是孩子幻想和休息的时间对提高想象力来说是必需的。

7
框架内的批判力

亚伯拉罕·林肯与他的竞争对手道格拉斯见面时，
道格拉斯对人们这样说道：

"我们国家有过禁酒令，禁止饮酒和贩卖酒[①]，
林肯卖过酒，这是违法的。
万万不可以选他！"

对此，林肯这样回答：
"没错，这是事实。而你是我当时最尊贵的客人。"

[①]19世纪初，美国社会兴起禁酒运动的浪潮。

培养均衡思维的批判力

在点点鼠标就能轻易获取海量信息的今天,选择有价值的信息来学习这件事正在逐渐变得更加重要。在这种情况下,不加批判地思考或无条件地吸纳全部信息的做法是不可取的。

缺乏批判力的孩子容易犯逻辑上的错误,也很容易变得以自我为中心。他们可能会变得只关心自己或自己团队的利益,并为此撒谎或试图操纵他人。甚至孩子会被从别人的错误信息牵着鼻子走。因此,当孩子凭借"框架外的想象力"产生出各种奇思妙想之后,有必要再次回到框架内对自己的想法进行分析辨别,学会让自己的想法变得更有价值。

很多人因为我英语学得好且学习很努力就认为我很成功。人们不会认为外语学得好或者学习很努力是一种成功。当有人问我为何能够走到今天这个位置时,我会回答他:"因为在我小时候,母亲就培养出了我敢对权威提出异议的自信心。"

在我读初中一年级时，班里来了一个转学生，他的爸爸是军人——当时学校里其他学生的爸爸都是农民。他的妈妈也和其他妈妈不同，总是拿着高级阳伞，脚踩"恨天高"出入学校。这位妈妈在短时间内就让这个同学的家政教育分数[①]从80分提高到了90分。

那天晚上我很晚才回家，我对母亲说我无法认同那个分数。母亲说："我们一起去找老师吧。但老师也有可能出现失误，一定要郑重衡量。"我和妈妈一起去了老师家，非常礼貌地提出了我的问题。随后，老师承认他收了那位同学妈妈的礼物，私自给了那位同学更高的分数，并为此道歉。这件事给我带来了很大的冲击——在我心目中像天一样的老师，竟回应了我唐突之下提出的异议。原来大人也会犯错，大人也可以向孩子道歉。从这件事情之后，我开始敢于质疑原本认为理所当然的事情。

"按我说的做！"这样的话就像在用武力对孩子强调自己的权威一样。孩子不应受武力胁迫而选择尊重权威，而是要根据正义、真理、事实或确定的信息来判断眼前的权威是否值得尊重。想让孩子做到这一点的话，就需要家长在孩子展开有道理的论述时，

[①] 在韩国，中小学有家政教育，又被称为家庭管理教育或者家庭和消费者科学，旨在教导学生如何正确地协调家庭与社会的关系，掌握必备的家政知识，培养学生的基本生活技能，体验实际生活，增进生活情趣。具体包括衣食住行、人际交往、家庭关系协调等各个方面。

敢于在孩子面前承认自己的失误和自己在争论中失败的事实。那么，孩子就将学会基于证据和推论的思考方法，培养出准确的判断力。

举个例子。在传统观念中，父亲一直是家庭中权威的象征，如果象征着权威的父亲提倡权威主义，处处压制孩子，的确会抹杀孩子的批判力和想象力。不要认为父母承认自己的错误会使孩子减少对父母的尊敬。恰恰相反，孩子会更加尊敬能够承认错误的父母，而且会清楚地认识到真正值得尊敬的权威者应当是什么样的。有这种认识的孩子才会想要找一位真正的榜样，才会愿意听从他们提出的有助于自己的意见或建议。

"框架内的批判力"不是以自己的意见为准而一味地批评他人的消极思考，更不是攻击他人弱点的行为。批判力是指能够通过正确的信息分析，充分理解他人观点，然后基于客观标准做出评价，最终得出结论的能力。

批判力的技术，分析能力和评价能力

分析能力，是指在完全理解信息后，利用情感和逻辑将掌握到的信息进行分割，研究各部分信息之间以及部分信息和整体信息的关联。也就是说，拥有了独立意识、坚持到底的精神和深度思考能力这些在疾风环境中培养出来的特质的孩子，通过细心地收集、分类资料，从各个角度对该领域进行认知和理解，从而修

正自己的意见。要想培养孩子的分析能力，需要按下列步骤进行。

第一，将类似的概念进行比较或对照，然后用准确而鲜明的语言定义这些概念。

第二，为了能够用更完整的图像展示信息，需要从尽可能多的来源处收集与之相关的资料，并对最基本的情况进行调查。

第三，为了减小自身的偏见对理解、分析资料产生的影响，需要对自己的观点进行质疑，多从他人的立场考虑。此外，在这一过程中重新梳理自己的思维方式。

第四，判断资料的价值，通过科学依据、客观事实来判断推论的可靠性。

第五，把信息分为几个部分，每部分都包含着完整的结构和要素，然后寻找它们之间的相似点和不同点。把握部分与部分之间的关系、部分与整体的关系和整体中最核心的部分。

评价能力，是指将通过分析能力理解的信息与适当的判断标准进行对照，从而客观、系统地得出有价值的结论。首先，要根据目标把各个部分的细分判断标准罗列出来，如具体的费用、时间、质量、独特性、合法性、稳定性、效果、执行的便利性等。然后对照判断标准，对它们逐一进行客观、系统的验证，并基于判断标准打分，给出一个数值，再进行合计。以最后合计出的结果为基础，从信息中挑选出有价值的结论和启示，并说明理由。

7 框架内的批判力

如果能做到上述过程，孩子的评价能力就会大大提高。

用逻辑去战斗

在传统家庭环境中长大的父母大概率是没有接受过"批判力教育"的。因此，他们并不知道该如何培养孩子的批判力，对培养批判力一事感到困难重重。要想培养孩子的批判力，首先得抛弃让孩子绝对服从家长的教育观念。当然，当孩子还没有成熟到可以独自做决定时，或是在没有时间对孩子进行解释说明的紧急情况下，家长可以替孩子做出决定。换句话说，阻碍批判力思维形成的强制和高压手段只能在紧急或极端情况下使用。父母若想让孩子利用"框架内的批判力"进行有逻辑的思考，就必须从名为"家长"的高地上走下来，和孩子展开热烈的有逻辑的争论。

教会孩子跟大人争论吧。如果孩子只听来自大人一方的批评，会产生抵触心理，变得习惯推卸或回避责任。这种抵触心理不仅会让孩子模糊与家长对话的要点，而且会助长其他错误。告诉孩子，我们应该敞开心扉、认真倾听，接纳那些宝贵的建议和恰如其分的警告，因为这些都是非常有益的。

当然，对父母来说，和孩子斗嘴或听孩子批评自己是一件很难受的事情。但千万不要忘了，养育孩子的最终目的不是培养一个"听话的孩子"，而是把他培养成为一个具备独立思考和行动能力的酷酷的大人。为此，有必要向孩子解释大人做出决定前的思考过程。

　　此外，父母还可以给孩子讲一讲自己的知错就改的经历。如果想不起具体经历也不要紧，请在违反和孩子一起制定的规则，或没有遵守对孩子许下的承诺时（如使用文明礼貌用语这样的规定或周末出去玩这样的承诺）郑重地向孩子道歉，并告诉他今后会采取怎样的做法来减少类似的失误。孩子听到父母的道歉，更能够感受到父母对自己的重视，对父母会更加信赖。这也是培养批判力所需的条件。父母向孩子做解释时，要用符合孩子认知水平的语言和孩子容易理解的方式来进行。和孩子一起做饭、做针线活、栽培植物等日常生活中的必要活动时，也可以用孩子容易理解的语言向孩子解释这是在做什么，为什么要这样做。

　　想要培养批判力，一定要让孩子有自己的想法，不能无条件地接受大多数人的意见，盲从他们的行动。拥有批判思维和创意思维的人，不会盲从流行的观点，他们能提出自己的想法。想要让孩子也做到这一点，首先要让孩子学会不去在意他人的眼光。这并不是简单地在大多数人中做一个少数派就行了，而是要将自己是谁以及自己是怎样的存在介绍给别人。

　　当孩子认为既存规则中存在错误时，请让孩子证明自己的想法，然后带着责任感制定出新的规则吧。当孩子不打算遵守或已经违反了既存规则时，让他想一想自己将要付出的代价，学着去判断打破这个规则是否真的值得。当孩子郑重地向大人的权威发起挑战，违反自己认为不合理的规则时，最好是给孩子一次先违反规则的机会。

人都有害怕自己和别人不同的心态，仅仅是"不同"这一个理由，就有可能招致他人否定的目光。我们希望孩子拥有为自己做出选择和采取行动的力量，要让孩子明白，他人惊讶的目光不会对自己造成任何影响。可以让孩子进行一些练习，让他有勇气表达"只要对别人没有造成任何伤害，自己想怎么做都没关系"这样的观点。穿着凸显自己个性的服饰来吸引他人的关注，是一种可行的练习。同时，孩子还要学会区分什么时候应该为自己或别人站出来，这一点也很重要。当发现自己的言论、行动可能对别人造成伤害时，应当及时停止，重新去寻找真正有争论价值的东西。

鼓励孩子为在学校里遇到不公平的事件发声，这样的事情会成为培养孩子逻辑能力的经验。这样的经验可以促使孩子热情又明确地向别人表达自己想要改变的东西，传达自己认为十分重要的意见或信念，也会让孩子勇敢无畏地为了创造新的可能性而采取行动。

利用"长短机威"法做分析

有时，当孩子产生某些想法后，会自己先判断"这个想法没有价值"，然后放在一边置之不理。如果不想让孩子的想法过早地被扼杀，最好学会利用"长短机威"法。所谓"长短机威"法，就是分析长处、短处、机会和威胁的做法。

- 长处：找出事物的积极面，即它对人们带来的正面影响。
- 短处：找出事物的消极面，即它对人们带来的负面影响。
- 机会：找出能让事物变得更好的方法。
- 威胁：在把握事物带来的机会的同时，找出可能会产生的问题及出现不利情况时的解决方案。

提出问题

要培养孩子在接触到新信息时，能够独立而有逻辑地根据"六何原则"提出疑问的习惯。

- 何人：问一问自己接触到的信息是否来自该领域内的专家，该专家在业界是否具有充足的研究经验。
- 何时：问一问该信息是在什么时代背景下展示出来的。
- 何地：问一问该信息出自哪里，是否有可能与客观事实不符，甚至相反。
- 何事：问一问该信息是属于个人见解还是客观事实。此外，想一想与该信息有关的事实是全部展示出来了还是只展示出来了一部分。

7 框架内的批判力

- 如何发生：问一问该信息是什么人发布的，发布原因是什么。另外，想想该信息是否能让别人二次加工，以文字或语言的方式记录下来。
- 何因：问一问该信息被展示的潜在的意图是什么。

犹太人父母会给孩子讲述《圣经·旧约》中这样的一个故事：牧童大卫仅用一把弹弓，就击退象征着权威的巨人歌利亚。他们借此培养孩子敢于挑战权威的意识。他们从孩子小的时候起就跟孩子保持着平等的关系，并不断引导孩子提出"为什么"。如果孩子有不同的意见，即使对方是大人，也鼓励孩子勇敢地提出异议。

也让我们的孩子学会勇敢地对抗那些统治和支配自己的力量吧。向那些被视为理所当然的规则、理论、制度、规范、习惯和传统提出"为什么"，带着疑问去推动大大小小的变化吧。

送给父母的金句

让孩子通过正确的分析和评价将信息完全理解之后,筛选出最有价值的信息。通过下列方法可以培养孩子的批判力。

1. 让孩子学会运用逻辑去争论

告诉孩子,包含负面情绪的沟通在任何情况下都不会产生积极的效果。教会孩子运用逻辑提出自己的意见或说服对方的方法。

2. 让孩子堂堂正正地表达消极的情感和意见

逃避责任的抵触心理不仅会模糊与他人对话的要点,而且会助长其他错误。因此,告诉孩子要敞开心扉、认真倾听,接纳那些宝贵的建议和恰如其分的警告,因为这些都是非常有益的。

3. 在孩子面前承认大人的错误

当孩子提出有道理的论述时,大人要敢于承认自己的失误和自己在争论中失败的事实。做到这一点,孩子就能学会基于证据和推论的思考方法,从而培养自己准确的判断力。

8
新框架内的融合力

《浮士德》的作者歌德是世界著名文学家、自然科学家。
他的母亲在给小时候的歌德读书时，
会故意不把结局部分讲给他听，
而是让他以听到的部分为基础，
自己把故事的结尾补充完整。

歌德回忆童年时曾这样说道：
"我的文学之路是从听妈妈讲故事开始的。"

培养突破框架的
融合力

在新框架内培养融合力,最主要的目的是帮助孩子从多个角度灵活运用他们在4S环境中培养起来的特质,让孩子即使身处既存框架之外,也能使用他们的知识、技术和经验,即打破固化的思维框架,创造更有价值的成果,并将其更加有效率、有效果地传达给他人。

要想培养新框架内的融合力,需要整合、提炼和宣传的能力。"整合"是指不要只看见独木,还要看到整片树林。以整体的视角去获取信息,并在不被无关信息误导的前提下,将信息整合起来。"提炼"是将信息精细化和简洁化的过程。精细化是指为信息添加必要的要素,简洁化则是去除不必要的要素,以使信息更易于别人理解或使用。最后,"宣传"是为创新的成果起一个醒目的名称,然后用比喻和象征等手法讲出一个与众不同的故事。通过宣传引起听众的兴趣和共鸣，用逻辑说服听众接纳创造物的优势。

如果拥有很多乐高积木，就能拼出更多不同形状、颜色和功能的房子。同理，革新也是很多不同领域的知识或技术融合在一起的结果。在第四次工业革命时代，不同领域间的技术融合成为主流，因此，融合力也成了一项必需的能力。了解更多的信息已经不再重要，通过丰富的经验把知识和信息连接起来才更加重要。脑海中的经验越丰富，就能创造越多的"连接"，产生越多好的成果，继而打造出新的框架。想要提升孩子的融合力，首先必须要让孩子认识到事物之间的关联。

在以应试为主的教育体系中，恰恰是那些被认为浪费时间的文体类科目，在与其他科目结合的过程中最容易产生创新。而且文体类科目对孩子身体和精神方面的发育和健康有着举足轻重的作用。另外，艺术可以充分容纳失败。获得诺贝尔奖的科学家大多是醉心于艺术的人。在艺术领域，什么样的尝试都有可能会失败。就像游戏一样，失败本身也是一种乐趣。在艺术活动中不断失败并不断改进的孩子，比起对失败的恐惧感，首先会拥有对尝试的期待感。

比如，孩子在作文、编曲和编舞等创作过程中，拥有了将自己的计划变为现实的经历。在这个过程中，即便有时无法顺利地将自己的意图准确地传达给他人，但孩子能在失败中吸取经验，不断向成功靠近。为此，可以和孩子尝试进行下列活动。

8 新框架内的融合力

·把玩具、奇特的工具和过去使用的机械、装置等展示出来，或营造在夏天时摆出圣诞树等奇特的环境，引导孩子进行独特的整合。

·引导孩子使用矛盾词语把不同的意思或想法合二为一，如乐观的悲观主义、独立顺从、尚未存在的存在、孤独的共存、仿真赝品等。

·让孩子记住那些既兴奋又害怕、既幸福又悲伤等夹杂着矛盾情感的瞬间。这样的经历会使孩子对矛盾事物中的关联性变得敏感。

想要提升融合力，最需要就是"结合力"。结合力是从整体视角上将看似无关的事物连接起来的能力。结合力能够将框架内的批判力的必需要素进行重组，把某些构思的优势和其他构思的优势结合在一起。若想把相互独立的想法连接在一起，需要用到放大视野、突破框架、寻找模式、连点为线等方法。通过这些方法，孩子会在知识、技术、经验、想法之间找到在惯常的思维方式下看不到的相似点或关联性，并把它们结合在一起。

扩大视野

扩大视野，是指在更大的脉络或体系中，而非在细节中获取信息。不是针对眼前看到的事物或某个具体事物进行的思考，而是孩子对于无法亲身体验的事物产生的抽象思考。比如，脱离"我""这里"和"现在"等进行的思考。引导孩子思考下列问题并表达自己的想法吧。

- 把某个真实经历中的"我"换成小说中的人物，并进行描述。
- 把"这里"替换成其他场所或国家进行描述。
- 把"现在"幻想成30年后的未来进行描述。
- 把"现实"用想象代替并描述。

此外，可以让孩子运用抽象思维对周围的事物进行描述。比如，试着对艺术作品、照片、格言等可以从多方面解读的事物进行主观的抽象解释。通过这样的练习，孩子能够将自身的经历，从最初只能用图画表达，到后来可以用梗概来说明，也就是通过语言抽象地表达出来，完成具象思维到抽象思维的转化。

突破框架

突破框架，是指孩子在完全陌生的领域取得成就。或完全改变原本的方向，或通过各种各样的兴趣活动去突破自身专业领域的框架，向其他陌生领域进发。原先打算成为专业游泳运动员的孩子，如果因突然考上了工科类大学而改变发展方向，大部分父母会认为这个孩子为游泳付出的时间和金钱都浪费了。然而实际上，孩子在两个领域中的积累能够通过在大脑中"连点为线"的过程构建出全新的知识体系。改变世界的大部分较大规模的革新，就是通过这样突破框架的行为引起的。

想要让孩子突破框架，需要让孩子以堂堂正正的态度向既存规则提出异议，跨越既定主题或领域的界限来思考。为此，对于发生在自己身上的事件，不要只从自己的角度来理解，也要试着站在别人的立场上来看待。此外，以答案为出发点，尝试逆着去做某个课题也是不错的练习方法。

在团队活动中，利用小组成员们的不同特征和优势，将不同性格、经验、特长、背景、思考方式和兴趣领域的成员组织在一起，更有利于课题的进行。如今的孩子都喜欢参加足球队、篮球队等团体活动，在进行这样的团队活动时，也尽量多跟有个性的孩子相处。这样做可以交到想法各异的朋友，跟他们交流经验。

正如孩子通过体育活动学习到物理知识或在调配油漆的过程中学到化学知识那样，试着把应用于不同领域的方法结合起来吧。比如，利用其他时代的技法来表达现代美术风格，用话剧或音乐剧等演出形式来表现历史事件，或是把摄影或绘画等视觉艺术和现场乐队音乐结合起来，等等。不要把孩子的活动限定在一个单一的领域、科目或形式中。

寻找模式

寻找模式，是指在不丢掉事物本质或歪曲事实的前提下，将复杂的想法、图像或信息简单化或抽象化。为此，认识信息、图像、声音、数学、历史、语言、音乐、舞蹈等的相似点或不同点，习惯性地观察和寻找一些模式或趋势的练习是十分必要的。语言是孩子熟悉的表达方式。但比起语言，更好的方式是通过艺术等非语言形式的表达。让孩子在看到完全不同的两个事物时，找到它们之间的相似点，或是寻找电影、书籍中的人物与生活中的人物之间的相似点等。

找到复杂的知识、信息、影像等领域间的相同点和不同点及特定模式，归纳出其中最核心的要素或特征并进行重组。比如，在读书或听完故事之后找出故事的主旨或核心。还可以观察照片或图画，为其取一个能够突出主题的标题。或是将多个事物或多件事实摆在一起进行比较后重新排序。如果孩子是高年级的学生，最好向他解释归纳法和演绎法，并练习这两种方法。

- 归纳法：观察人物或事物时，先收集大量知识或信息，再由个例推导出底层逻辑或一般原理的方法。（如地球绕太阳公转→地球是太阳系行星→太阳系里的行星都围绕太阳公转）

- 演绎法：以一般规律为基础，推导出遵循规律的具体事物。（如太阳系的所有行星都围绕太阳公转→地球是太阳系行星→地球

绕太阳公转）

连点为线

找出事物之间的相似点和不同点，把这些相似点和不同点相互连接起来，构建新框架的方法正是"连点为线"。连点为线是指把存在于事物中的众多特性看作一个相互联系的整体，而不是一个个独立的碎片。通过连点为线的方法，孩子可以学会不再专注于某个单一的信息，而是从整体上把握该主题。想要让孩子学会连点为线的方法，我推荐孩子按照下列方法进行练习。当孩子熟悉了这样的方法之后，就会不断地围绕"如果这样做的话""如果是这个东西的话"提出问题，想象和探索新的连点为线的可能性。

- 给孩子一张画有很多小点的纸，让孩子通过把点连起来，勾勒出不同的形状的动物、奇形怪状的物体或漫画中的人物等。刚开始，孩子可能会觉得难，所以可以尝试在点上标数字，让孩子按照顺序连接起来。
- 按序号或字母表的顺序连接花、猫或建筑物等事物的轮廓并涂色。
- 在纸上画几个点，然后把纸递给坐在自己右侧的人，让他把这些点连起来并在此基础上画出物体、景色等。自己用文字将画面内容描述出来,并为图画起一个标题。无须搞清楚画上到底画的是什么,向画画的人说说自己对这幅画的理解即可。

• 将一张画着小点的纸复印多份,分发给孩子们。让他们按各自的想法连接小点,再把作品放在一起进行比较。通过这样的活动,孩子可以认识到相同的点可以画出全然不同的图形,懂得用不同的角度看待事物。

连点为线的方法不仅仅能用于图片、事物或想法。孩子通过父母认识亲戚,通过亲戚认识他们的熟人,拓宽人脉的行为也可以看作一种连点为线。此外,还可以把不同地区或不同地点连接起来。

在连点为线的方法中,还有"比喻法"和"非语言交际法"。巧妙利用这些方法,就能够把看似无关的事物整合成为一个整体。

比喻法

比喻经常用于文学。如"时间就是金钱"这样的表达,是把看似没有关联的事物的相似之处展现出来。比喻能够让孩子发挥框架外的想象力,从新的视角去看待事物。此外,比喻法有助于培养创新过程中最后登场的"宣传"能力。通过比喻进行说明,不仅更易于听众理解,还能给听众留下生动的印象。尤其是那些出人意料的新颖比喻,会更加令人印象深刻。

- "人生就像过山车，不断上坡和下坡。"引导孩子通过类似这样的比喻，把不同的事物联系起来，并说明理由。
- 就像把培养创造力的过程比喻为种苹果树那样，让孩子想想自己是什么样的人，自己的渴望或兴趣领域跟什么东西是相似的。
- 巧妙利用动物或具有象征性的事物进行比喻。
- 阅读诗集等充分运用比喻手法的书，并找到书中使用了哪些比喻。

非语言交际法

非语言交际法是指不使用文字或语言，而是通过"视觉化""五感法""肢体语言法"等途径相互交流的方法。

"视觉化"是指利用画面去思考和表达，这也是创新者们最常使用的手法。有时，一幅画可以胜过千言万语。人类的大脑通过画面理解和储存信息时，比通过文字或语言记录信息更容易产生联想。因此，视觉化手法是把视觉艺术、表演艺术、写作、音乐、体育、发明等许多不同领域的知识、技术和经验连接起来的必要手段。在框架外的想象力部分，我们提到的"啊哈！有了"的灵感，也诞生于把想法、对象、体系、过程、解答等视觉化的过程。不必要求孩子画得多么好，重点是培养孩子通过信笔涂鸦表达自己想法的习惯。可以通过下列活动练习非语言交际法。

・旋转画纸来画画，或将事物颠倒过来画，练习用各种方法和角度来画画。

・画一画传说中的故事或从书本上读到的内容。把故事情节走向用视觉化的方式表现出来，还可以通过声音或肢体表现出来。

・创造一个前所未有的建筑物，创造一个可以向着四方无限延伸阶梯，创建一个从几何学角度不可能的表面。像这样，把不可能的观点实际创造或描绘出来，并从各个角度加以说明。

当孩子想要为解决问题或达成目标而努力时，可以把能够从视觉上提醒孩子的东西放在孩子身边的环境中。这样，即使是在休息时，孩子也会在潜意识中不断思考。还可以把包含视觉化比喻的东西或与众不同的图画、照片、物品和影像等收集起来，在需要时，利用这些代替文字来进行表达。

"五感法"，是指调动视觉、听觉、触觉、嗅觉和味觉，把自己的想法明确地展示出来，或把完全无关的不同想法连接起来的方法。

孩子在描述事物时会不自觉地调动五感，但引导孩子一次只专注于一种感官，然后将感觉细致具体地表达出来。此外，让孩子思考一下这种感觉给自己带来的联想并画下来。尝试一下右撇子用左手，左撇子用右手来写字或画画。还可以试试用嘴或脚趾

8 新框架内的融合力

来写字或画画,并谈谈有什么不同的感受,以及这样做使自己想起了哪些相似的经历。建议孩子可以试着做一做下面这些活动。

·在进行学习、实验或户外玩耍等活动时,多去触摸、观察、品尝和嗅闻不同种类的材料,听听它们的声音,并在之后调动回忆对这些感觉进行描述。

·想象一下在故事中出现的地点会散发着何种味道,在那里又能听到哪些声音。然后用语言、文字或是画画的方式表达出来。

·想象一下最近在听或在唱的歌曲中会散发出什么味道,通过画画或肢体语言来表达。

·去庆州或板门店,大学路或梨泰院等背景各异的人聚集的地方,细细品味那里的气味和风景,并用歌声或画作表达出来。

"肢体语言法",是指不使用文字或语言,也不使用任何设备和道具,只用身体的姿势、动作、眼神或面部表情来表达自己感情状态或想法的方法。由于想法可以直接被肉眼看到,如果孩子把只存在于脑海中的思维过程直接用肢体表达出来,就会更容易产生新的灵感。另外,由于肢体语言可以引发别人强烈的身体反应和精神反应,因此在作品的宣传过程中也十分有效。

比如,把灯关上,只有在努力构思灵感的时候才把灯打开。或是钻进一个纸箱,等需要用到"框架外的想象力"时再从纸箱里爬出来。这些比喻的内容很容易在实际生活中真实地表现出来。另外，在团队中可以不说话，只用肢体语言进行交流。尝试仅用肢体语言描述事物，或对读过的故事、艺术作品等进行解释说明。除此之外，还可以尝试用自己制作的乐器开一场演奏会，或是打造一个能够让自己随时用肢体语言表达感受和想法的空间。

用融合力打磨作品

提炼能力,是指排除掉不必要因素,突出核心或本质的能力。在培养提炼能力方面,需要掌握"精细化"和"简洁化"两种方法。

运用想象力激发创意是非常重要的,但经历失败,将创意打造成作品的过程也十分重要。比如,在创作小说时,想象新的故事框架是必需的工作。但是,当真的开始落笔时,就必须要精细地描写人物和事件。同时,为避免故事过于复杂而给读者造成混乱,将情节简洁化的处理也是必要的。

很多孩子只会按照老师教的概念和解题方法反复去解答相同类型的问题,或是被动地背诵教科书上的内容来参加考试。那么就从现在起,培养孩子的提炼能力,让孩子自己成为课堂的主体,主动学习。

精细化

精细化，是指对某个作品进行添加或补充，对其进行更加细致化的雕琢。为此必须耐心，持续地关注细节。此外，要有意识地进行逻辑性、系统性的思考，但这可能会阻碍发散性思维。相反，不去考虑实现可能性的潜意识思考虽然能够使作品新颖独特，却不利于作品的精细化打磨。正因如此，孩子才应该接受批评，通过积累失败的经验，不断提升对作品进行精细化打磨的能力，从而产生出更具价值的创意。

促进精细化的活动，可以是按照时间顺序详细地记录下最近一次旅行中发生的事情及自己的感受。或者选择一项世界奇迹，尽力地去调查和整理关于它的细节，并跟其他人的调查结果作对比。还可以读诗，深入理解诗的内容后进行扩写或续写并朗诵出来，根据听众的反应或建议修改。或是随意地将杂志翻开至某一页，围绕该页面上显示的照片编一个有趣的故事，等等。

简洁化

简洁化，是指去除不必要的信息，使作品看似简单却能产生更大的价值。如今，一些只需要基本功能的东西也被做得非常复杂，给人们的理解和使用造成了困难。而史蒂夫·乔布斯这样的创新家，则用简洁化的方式解决了复杂的难题。

然而，简洁化并不是像单纯地减少或删除某些东西。简洁化的前提是对整体的准确理解,在此基础上,去除非必要的部分,凸显出本质。

删除文章中某些无关紧要的信息,把最重要的部分凸显出来。或是写完文章后试着只留下10%的核心内容,然后与原先的文章作对比,看看是否遗漏了要点。绘画完成后,把可有可无的内容删掉,只留下最重要的部分,然后跟原先的画作对比,讨论一下两者效果上的区别。通过这些简洁化练习,了解被自己简洁化后的作品引起了别人怎样的反应,并比较以下差异,在内容的多与少之间找到平衡。

- 告诉孩子精细化和简洁化的差异。
- 告诉孩子"简化"和"简洁化"的差异。
- 效率:学会花费较少费用、时间和努力达到目的。
- 效果:能否真正达到预先计划的目的。

宣传作品

很多人误以为做出优秀的作品就是创新,但实际上宣传环节也获得成功才能称为创新。宣传就是选择恰当的时机和地点,抓住受众的兴趣,向他们介绍自己的创意或作品。即使短期内不会产生利益,但长期下去能够和受众建立互信互助的关系。这和为了多卖产品,希望在短时间内赚到很多钱的广告是不同的。

想要成功地为创新做宣传，除了需要用到"连点为线"法，还需要具备为创意命名的能力、说服力以及讲故事的能力。

培养命名能力

命名能力，是指将能够吸引受众的名称用在自己的创意或作品中的能力。不要起一些平淡或冗长的名称，像"iPhone"这样与众不同而又精练具体的名称很容易抓住受众的眼球，方便受众记忆，也很适合宣传给更多人。不过于另类又令人意外，或多少包含些奇思妙想的名称，能够刺激受众的好奇心，吸引更多的关注。如果想介绍作品的特征和优势，可以再附加一个稍微长一些的副标题，使其更容易在搜索引擎中被找到。

在书、文件或艺术作品中找到较长的标题，练习将其替换为既能够体现内容，又能突出其特点的短小精悍的标题。和学校、家庭、社会团体一起销售自己的作品，并为作品起一个短标题。在为自传命名时，可以说一说自己的人生经历与别人的不同之处。如果孩子熟练掌握了命名方法，可以鼓励他在为自己的作品起一个特别的、有趣的或是带有肯定或否定意味的标题后，讨论其对受众能够产生多大的影响，取得了怎样的效果。

提升说服力

说服力,是指孩子以自身专业性为基础,唤起受众共鸣,并运用一定逻辑将自己创意的特点和优势传达给他们的能力。想要具有说服力,还要听取受众肯定、批评或反对的意见。在这个过程中,需要进一步提炼自己的想法,最终使反对者也能接受。

很多犹太人家庭会在孩子还非常小的时候就会为他制造一个销售某种东西的机会,以此来提升孩子的说服力。父母让孩子从小就练习向别人表达自己的思考和感情。还会让孩子练习把自己想法的特点和优势找出来,告诉其他人它和现存事物的区别,以及为什么它更具价值。并且让孩子不要在意别人的眼光,不要为了表现谦逊而使自己看起来畏首畏尾。

比起逻辑,感情更能打动受众的心。然而,只打感情牌是无法让受众对某物表示支持或完成购买的,因此必须以逻辑和事实为支撑。把能够支撑自己意见的事实、数据、图片、视频等,通过五感法直接地展示给受众或增强他们的体验。

此外,一定要长期倾听受众的故事和意见,形成彼此间的共鸣。在表达自己的意见时,最好能够做到既强调了重点又言简意赅。如今人们习惯于接收碎片化信息,很难长时间地专注于一件事。所以,简要地突出核心就更重要了。如果能够使用简短的比喻,会使人们更加容易理解,印象也会更深刻。

想要提升说服力,可以让孩子从一个练习开始做起,那就是让孩子想办法在短时间内给别人留下深刻印象，告诉他们自己为什么是一位好的朋友、学生或子女。并且鼓励孩子早早地跟学校、家庭、社会团体一起构思慈善活动，积累经验。在孩子需要将自己的想法或作品向众人进行展示、说明之前，可以先在镜子或好朋友面前进行练习，并且把自己练习的过程录制下来，观察肢体语言的效果。这些练习对提升说服力都很有帮助。经过练习，让孩子在讲述自己作品的特点和价值的同时，找出两种引起受众关注的广告方法，并讨论其优缺点。

如果孩子需要进行某种协商或说服听众时，可以按照下列步骤进行：

- 直视对方的双眼，并先伸手和对方握手。
- 不要为对方提供冰凉的饮食，而要提供温热的饮食以营造温暖的氛围。
- 模仿对方的说话方式、面部表情或肢体语言等来营造亲近的气氛。
- 说话态度要坚决，避免"唔……"或"嗯……"这样犹豫不决的表达。
- 避免皱眉、挑眉、视线闪躲、手乱动、不停地抽鼻子、抖腿或跷二郎腿等表情和动作。

锻炼讲故事的能力

讲故事的能力，是指能够编写或分享令听众感兴趣，同时能让他们产生共鸣的故事的能力。比起零碎的信息或按逻辑排列的主张，我们的大脑更容易理解和记忆故事。学着让听众在听故事的同时产生画面感。能引起情感共鸣的故事更容易使人印象深刻，因此要尽力地收集听众们的信息，了解他们的想法和感受，才能编写或分享能够打动他们的故事。

若想在第一次见面时就建立交情或缓解紧张，最好能用对方关注的话题或与其文化背景有关的小玩笑或小故事来开启对话，并且通过广泛的阅读，分享关于主题的背景知识和有趣的故事，以帮助听众熟悉主题。需要注意的是，对于从别人那里听来的故事，要注意判断信息的准确性。

送给父母的金句

让孩子学会用宏大的视角看待自己的想法,把它们以富有创意的全新方式进行重新组合,提炼出更高的价值后,做出属于自己的作品并宣传出去。想要实现这个目标,需要培养孩子的融合力。

1. 扩大视野

让孩子立足全局,而不要只针对某个具体的事物进行思考。帮助孩子对无法亲身体验的事物进行抽象思考。

2. 寻找独特的模式

寻找信息、图像、声音、数学、历史、语言、音乐、舞蹈等方面的相似点或不同点,并习惯性地做一些发现模式的练习。

3. 培养命名能力

在书、文件或艺术作品中找到较长的标题,练习将其替换为既能够体现内容、突出特点的短小精悍的标题。

4. 提升说服力

比起逻辑，感情更能打动受众的心。然而，只靠打感情牌是无法让受众对某物表示支持或完成购买的，因此必须以逻辑和事实作为支撑。

5. 锻炼讲故事的能力

讲故事的能力，是指能够编写或分享令听众产生兴趣和共鸣的故事的能力。不是让孩子向听众说明什么，而是让孩子练习如何使听众的脑海中浮现出画面。

结语

请为孩子提供能够成长为创意英才的肥沃土壤

为我们的孩子打造能够成长为创意英才的土壤

有一次讲座结束后,我被问到是什么原因能够让我进行一场3小时不间断的、热情洋溢的讲座。当时我是这样回答的。主要有三个原因。第一,我基于自身的专业性研究对全世界的教育政策和现状进行判断时,深深地感受到紧迫感。如果韩国的教育再不改变,人们就仍然看不到希望。第二,2018年11月,我受到韩国教育科学技术部和科学创意财团①的邀请四处做讲座。在与形形色色的人打交道的过程中,我发现韩国社会正在为教育改革做着大大小小的努力。因此,我确信,只要团结起来,从现在开始,就

---

① 创立于1967年,前身是"韩国科学文化财团",隶属韩国教育科学技术部,旨在培养创意融合型人才,是韩国"创造型经济"成功的关键。

能够改变韩国的教育。第三,因为我想在未来与我已故的妈妈在天堂重新相遇时,听到她亲口称赞我说:"你已经变成世上的光和盐了啊。"因为我一直在等待那一天,所以我并不惧怕死亡。只是在离开人世之前,我还有些尚未完成的事要做而已。这些就是我带着热情和使命来思考韩国教育改变的原因。

孩子的成功取决于父母

我要就以下四点向我的父母,特别是我的母亲表示感谢。

第一,母亲在世时从未责备过我,我为了持续地得到她的称赞而拼尽了全力。

第二,正如前面说过的,他们让我做了一个"成为世上的光和盐"这样有利于他人的梦。我为了实现这个梦,夜以继日地潜心钻研。因此,我将把自己的毕生奉献给教育事业,致力于让所有的孩子都能从升学和考试的地狱中解脱出来,尽情地发挥自己的创意。

第三,正如父母的祷告,我对人生中的种种考验心怀感激。特别是母亲在老年痴呆症早期手写的祷文般的书信,给了在美国生活的我重新站起来的勇气。如果没有我那对一切都心怀感激的母亲写来的信,那么曾两次因焦虑症而被送进急诊室的我,或许早就放弃了在美国的生活也未可知。

第四,妈妈很早就开始教育我,即使站在某些权威者面前也要能够用无畏的态度提出异议。如果不是这种无畏的态度，我也不可能对所有学者都信奉的理论提出异议，整理出全新的、只属于我的理论。所以，我坚信父母，尤其是母亲的教导是孩子成功的原动力。

很多孩子能够很好地背诵教科书上的内容，在考试中取得高分。但他们在大学毕业后进入社会，面临真正的问题时，往往因无法产生创意而倍感挫折。这也是应试教育的通病，不能只归咎于学校教育，因为这也与父母的教育方法密切相关。孩子在未来能否实现创新这件事，正取决于眼下父母是把孩子当成盆栽来养，还是当一棵苹果树来栽培。

学校也需要改变

韩国的教师比西方的教师更加优秀。在韩国，想要成为教师，需要过五关斩六将。这是因为在传统的儒家社会中，最受尊敬和优待的人正是读书人。能背诵儒家经典，教孩子们识字的私塾先生比手工匠人或商人能够获得更多的尊敬。在这种传统中形成的教师的社会地位及其价值被传承了下来，好学生才能当上教师成为人们的共识。

虽然我们能够确保拥有如此优秀的教师资源，但学生们的创意教育却进展得并不顺利。造成这个局面大致有三个原因。

第一，教师权威凌驾于学生之上。在强调垂直化关系的韩国

结语

社会，听老师话的学生才是好学生，质疑权威的行为被视为不好的行为。这是阻碍创造力开发的最大原因。

第二，父母仍然以"我的孩子必须比其他孩子成功"为目标来培养自己的小孩。如果觉得自己的孩子吃了哪怕一点点的亏，妈妈也会不择手段地叫停学校的教育活动。这种行为近来逐渐演变为对教师的不信任，使教师的工作热情日减。同时，这也成为教师无法进行新的教学尝试的原因。

第三，教师们在学生时期也没有接受过"创造力教育"。自己都没有经历过，又如何对学生进行创造力教育呢？培养创造力并不是把某个新奇的创意项目从国外照搬回来模仿就行了。韩国教师学习的创造力开发理论至少是30年前的旧理论，也不符合韩国人的思维方式和韩国的现实情况。西方很多国家是没有垂直化关系的，教师可以在跟学生进行平等交流的过程中，轻松地开发学生的创造力。然而，韩国目前还没有形成这种适合创造力开发的环境。因此，首先要做的是改变环境、氛围和社会观念。

那么，这首先就要求各位校长和教导主任重视创造力教育，放下垂直化关系和权威主义，并说服各位教师。教师应当帮助学生开发创造力，让他们尽情地发挥出自己的潜能。这是教师的使命。

让创造力成为不断创新的动力

创新的基础是对某个领域的精通,因此创新又可以视作从熟练的日常工作中产生的意外和惊喜。想要实现创新,需要在某个领域中至少10年的积累。在完成专业知识技能的积累之后,通过大胆地无视规则和理论,或进行具有"破坏性"的创造,就能产生与众不同的创新作品。

想要增加作品的价值,需要营造包括目标意识和坚持到底的精神在内的疾风环境和土壤环境,而想要增加作品的特色,则需要营造包括与众不同的态度和无畏的态度在内的阳光环境和空间环境。无论何种态度,过度或不足都是不行的。要想把我们的孩子培养成创意英才,本书中介绍的26种创造力特质缺一不可。广大父母必须要给孩子提供能够让创造力茁壮成长的环境。因此,我有一个恳切的希望,就是希望我们的孩子都能够胸怀大梦,尽情地发挥自己的创造力,成长为有益于世界的创新者。